沙茶

戰後潮汕移民與臺灣飲食變遷

曾齡儀 著

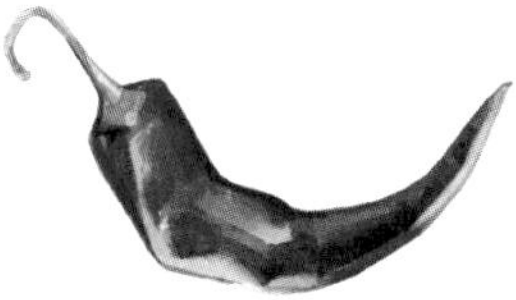

目錄

推薦序

以飲食理解世界

翁肇喜　中華飲食基金會董事長

近年，「食物研究」是相當熱門且受歡迎的研究領域，坊間出現不少飲食相關的專書，除了烹飪與健康書籍，也有許多學術著作，是透過飲食考察臺灣的社會變遷與人文環境。就我印象所及，臺灣菜歷史、戰後美援議題、族群菜餚以及海外臺灣飲食等均有學者研究，連同曾齡儀博士的這本專著《沙茶─戰後潮汕移民與臺灣飲食變遷》，都豐富了臺灣以及華人世界的飲食研究。

我雖然專注於企業經營，但對於社會人文一直保持關懷之情，尤其是飲食文化的研究。年輕時曾到日本出差，在東京舊書街的角落發現中國宮廷料理古籍，我在臺灣都沒有看過這些書籍，很想買回來研讀、保存，但當時身邊沒有多餘經費，只好作罷，這件事一直留在心中。經過篳路藍縷的艱辛創業，一九八七年，三商大樓在臺北市建國北路落成時，我因這段往事，在大樓內設立「中華飲食文化圖書館」，專門蒐集散佚世界各地的飲食資料，並不斷充實圖書館藏書，除了中華飲食古籍史料，也蒐集近現代飲食文化專書著作及雜誌期刊，至今超過三十年。

繼「中華飲食文化圖書館」後成立的「中華飲食文化基金會」，每兩年舉辦一次中華飲食文化國際學術研討會，二〇二一年的主題將是「生物與生態觀點下的中華飲食文化」。基金會為帶動飲食文化研究風氣，也出版學術期刊《中國飲食文化》，以二〇二〇年四月（十六卷一期）專號「味道與飲食：戰後臺灣飲食文化的變遷」為例，其討論範圍包括菜餚變遷、食補文化、食譜出版、宴席改革運動及跨域的飲食變遷。此外，為了讓一般社會大眾也能認識飲食文化，我們出版《料理．臺灣》雜誌，介紹餐飲趨勢及知識。

我經歷過日治臺灣與戰後時期，在我人生旅程中勇於嘗試不同國家的料理，除了味覺享受，對於飲食知識也充滿好奇，求知若渴。欣聞曾齡儀博士專書《沙茶─戰後潮汕移民與臺灣飲食變遷》出版，書中透過豐富史料及口述訪談，以「沙茶」議題撰寫戰後臺灣不同族群間的互動，以及飲食上的交會、融合與創新；考察戰後臺灣的潮汕移民將「沙茶菜餚」引進臺灣的過程，探討其改變臺灣餐桌上的味道，促進牛肉消費的始末。

曾博士留學日本與美國，亦長期參與「中華飲食文化基金會」舉辦的國際學術研討會，她將長年累積的研究能量，透過豐富的資料、流暢的文字，以及新穎的觀點，在書中探索我們習以為常卻可能不曾關注的飲食議題，讓當代臺灣飲食文化研究向前邁進一大步，因此我十分樂意向讀者推薦這本飲食文化著作。

推薦序

從滋味中講出學問

張素玢　國立臺灣師範大學臺灣史研究所教授兼所長

前衛出版社主編楊佩穎請我幫即將出版的《沙茶──戰後潮汕移民與臺灣飲食變遷》一書寫序，但我個人的研究領域並非飲食史，恐無法作出精闢的引介，所以並沒有馬上答應。隔兩天作者曾齡儀來信說，二〇一五年我鼓勵她投稿到《師大臺灣史學報》，促成她寫了〈移民與食物：二次戰後高雄地區的潮汕移民與沙茶牛肉爐〉的研究論文。後來她繼續發展這個主題，實地訪問臺灣具代表性的沙茶餐館與業者，並廣為蒐羅資料，陸續做出了臺北和臺南的沙茶研究，從而完成一本具趣味性又有內容的著作，因此我算是這本書的「促成者」。

拿到書稿的時候，所上的公事和個人的研究發表正忙碌著，原本打算先大致翻閱一下，瞭解這本書的脈絡，沒想到一看下去就無法鬆手，竟然閱畢全書直至半夜。學歷史的常說，「上窮碧落下黃泉」，沒有什麼不是歷史，沒有什麼主題不可研究，但是從過去的帝王將相到現在的政治經濟社會，一般人總覺得歷史離實際的生活稍微遠了一點。這本《沙茶──戰後潮汕移民與臺灣飲食變遷》，主角是我們很熟悉的「沙茶醬」，到底沙茶這種醬料，如何說出學問？如何講出道理？有何特別的身世？可就要一番功力了。

作者首先點出「醬料」是飲食文化的關鍵角色，與當地的自然環境和食材種類有關，可突顯食物的味道；隨著歷史的變遷和人群移動，地區性的醬料也跨越了地理的邊界。「沙茶醬」就是廣東潮汕人移民東南亞以後，將當地香氣濃厚的「沙嗲」飲食帶回潮汕地區並加以改良稱「沙茶」，二次大戰後許多潮汕地區的移民又從原鄉將沙茶菜餚帶到臺灣。傳統農業社會的臺灣人原本不太吃牛肉，沙茶牛肉爐卻因口味特殊，慢慢在臺灣落地生根。這本書讓我們瞭解到原來沙茶牛肉爐、沙茶飲食和潮汕移民密切相關，潮汕人的遷移、潮汕同鄉會和沙茶飲食業者，都促成沙茶牛肉爐成爲臺灣的特色飲食之一，而臺北、高雄鹽埕、臺南的沙茶業者，則多是來自潮汕地區的家族所經營。

我是彰化員林人，員林以來自廣東饒平的張爲大姓，廣東饒平亦屬潮汕語系，員林鎮上曾有一家汕頭香記沙茶牛肉爐，那是家裡打牙祭時會去光顧的一家餐廳，《沙茶—戰後潮汕移民與臺灣飲食變遷》一書，使我瞭解到汕頭/香記/沙茶/牛肉之間，有這樣的歷史脈絡和族群關係，書中所談、所探討的，和日常的飲食經驗有緊密的連結。

經常在廚房與茶米油鹽醬醋茶爲伍的我，拿起沙茶醬炒芥藍牛肉時，不禁會心一笑，原來從「醬料」中可以講出這麼多學問；看完這本書，我終於瞭解「沙茶醬」的味道與身世了。

推薦序

「文化以待之」的飲食研究

陳元朋　國立東華大學歷史學系副教授

百年以來，學人筆觸之涉及飲食，且意味深遠雋永者，周作人大抵是先驅之一。從一九二四〈故鄉的野菜〉到一九五七年〈窩窩頭的歷史〉，卅年間，周氏的飲食書寫始終不絕如縷，且為數多達百餘篇之眾，而掌故之外的變遷考訂則每多精闢審詳。值得注目的是，時至今日，這些文字仍能跨越代溝，引發閱聽大眾的共鳴。推考其因，應該還是與寫作者的態度有關。經驗也好、樂趣也罷，這些日常確實是周作人的主題，但他顯然不甘於道聽塗說，「文化以待之」才是他寫作的旨趣。

吃吃喝喝顯然會是個大眾話題。不過，飲食仍然有其知識上的縱深存在。事實上，當代各種學術門類也大多都有飲食之事的廁身空間。最近的學界共識是：飲食研究是一種總合性的研究，既存的學問分野固然各自對之有其關懷，學際間的整合則或許可以構築更大的文化理解面。換言之，飲食是個立面體，它一物多面，意涵豐富，既能滿足學院中對於知識的標準，又具備深化社教的議題體質。

相較於其他傳統研究議題的早覺，臺灣史學界的飲食研究，大概要遲至上個世紀九〇年代才逐漸形成氣候。而這個時間轉折點，則大抵又與七〇年代以下，西方社會科學在臺灣史學界的逐漸內化有著密切的關聯。事實上，飲食也並非單發，它其實只是九〇年代臺灣史學界許多嶄新議題的一員。比較値得一提的是這個時期的學風。儘管許多啓發仍然來自於文化人類學與社會學，但年輕一代文史研究者或許比起他們的師輩，更能恪守史學的行規。這其實是一個可喜的發展。歷史仍然是歷史，它只是更加多面、更加豐富。

我必須提醒讀者的是：本書的作者曾齡儀教授，正是成長於這個時期的年輕學人，而她的研學成果，又正適足以體現當代臺灣飲食文化研究者在學思上的奮進。

曾教授的研學經歷完整。她畢業於臺大社會系，嗣後又在日本東京大學取得人文社會系研究科的碩士學位，最終並獲得美國紐約市立大學歷史系的博士學位。我認爲，正是這種多樣且扎實的學術訓練，成就了《沙茶：戰後潮汕移民與臺灣飲食變遷》這本書的豐富內涵。總體而言，本書藉由對「沙茶／潮汕移民」這個關聯序列的研討，成功建構了一個「飲食變遷／移民文化」的研究個案。我特別推薦讀者注意曾教授所採行的論述理路，它絕不只是美食導覽式的掌故書寫，而是一個跨涉歷史學、社會學與物質文化的成功研究範式。

是爲序。

作者序

寫完這本《沙茶》專書後，重新翻閱內容，許多有趣且難忘的人事物一一浮現腦海，趁著記憶猶新之時，趕緊將為何投入這項研究的始末紀錄下來。

「沙茶」，在我有記憶以來，偶爾出現在家裡冰箱內，它不像醬油、米酒與醋如此常見，或許是親戚朋友贈送，有時候會在餐桌上見到它，玻璃罐映照著深褐色的油漬光澤，聞起來味道香濃，嚐起來口感沙沙的，神奇的是，當沙茶醬搭配醬油、醋與蔥花，總是能讓各種肉類與食材變得無比美味。小時候奶奶家住在行天宮附近，家族聚餐常去臺北松江路上的自助火鍋城，大人小孩均喜愛火鍋圍爐的聚餐方式，對當時還是兒童的我來說，「吃火鍋」相當有趣，自己去冷藏櫃選取各式食材，也可自行調配沙茶醬料，甚至可以胡亂烹煮，這種新奇的體驗不僅讓我對「吃火鍋」充滿了期待，同時也是我對「沙茶」的最初印象。

爾後在我成長與求學過程裡，「沙茶」也經常出現在生活中，大學社團康樂活動、教會團契聚會、碩士階段在東京大學的留學生聚餐，以及博士階段在紐約的聚會，只要以「火鍋」

方式聚餐，大抵少不了「沙茶醬」。讓我印象特別深刻的是，在紐約大雪紛飛的寒冬，經常去法拉盛（**Flushing**）華人超市購買來自臺灣的「沙茶醬」，剎那間拉近自己與故鄉的距離，也撫慰海外遊子的思鄉之情。不過，當時的我並不瞭解「沙茶」背後的故事，只覺得這是一個來自臺灣、讓我倍感親切、美味方便的調味品而已。

非常巧合的是，我的學術研究領域是日治時期在海外的臺灣社群，博士論文探討一九〇〇到一九三七年期間，去到廣東潮汕地區經商的臺灣人，性質上類似當代我們所瞭解的「臺商」，從中探討他們為何冒著風險到廣東汕頭經營事業，在當地如何與中國人以及日本人互動，以及與臺灣家鄉之間的連結。爾後我到高雄進行研究，在鹽埕區一帶看到許多掛著「廣東汕頭沙茶牛肉爐」招牌的店家，也有賣「沙茶麵」的麵攤，令我感到十分好奇，究竟今日臺灣坊間常見的「沙茶醬」與我博士論文研究的「廣東汕頭」有何關係？仔細詢問，許多店家告訴我，他們的父執輩多是二戰後到高雄發展的潮汕移民，來臺後為了謀生，不約而同地賣起潮汕原鄉十分普遍的「沙茶麵」和「炒沙茶牛肉」。這個意外的發現讓我十分興奮，原來一直被我視為臺灣「本土」醬料的「沙茶」竟然是個「舶來品」，也因此開啓了我的沙茶研究之旅。

從二〇一五年開始，除了蒐集文獻資料外，我訪談了臺灣許多地區的沙茶餐廳與商號，由南而北包括屏東、高雄、臺南、臺中、新竹與臺北等地，我由衷感謝他們熱忱分享家族故事、創業歷程與珍藏照片，同時也讓我品嚐難忘的「沙茶菜餚」，包括沙茶麵、炒沙茶牛肉與沙茶牛肉爐。謝謝他們為戰後臺灣的餐桌增添難忘的沙茶滋味！我也感謝「高雄潮汕同鄉會」、「臺南潮汕同鄉會」以及「臺北潮州同鄉會」慷慨分享出版刊物，讓我得以瞭解戰後一九六〇年代以降，在臺潮汕人的生活樣貌與移民變遷歷程。我也要謝謝臺北醫學大學提供新進教師研究經費，讓我能有充分資源進行田野調查與訪談。

最後，要特別說明的是，本書部分章節內容曾發表於國內外中英文期刊，經過大幅改寫與增補後融入此書，包括：〈移民與食物：二次戰後高雄地區的潮汕移民與沙茶牛肉爐〉，《師大臺灣史學報》，第八期（二〇一五年十二月），頁九三－一二八、〈吳元勝家族與臺北沙茶火鍋業的變遷，一九五〇－一九八〇年代〉，《中國飲食文化》，第十二卷第一期（二〇一六年四月），頁五三－八九，以及英文期刊 "An accidental journey: shacha sauce and beef consumption in Tainan since 1949," *Social Transformations in Chinese Societies*, Volume 14, Issue 2 (December 2019), pp. 107-116.

邀請各位讀者，讓我們一起開始這趟「沙茶之旅」吧！

導論

醬料與移民：臺灣「沙茶醬」的味道與身世

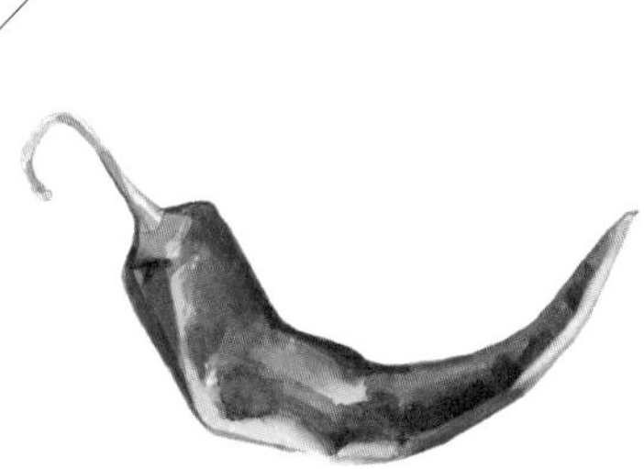

本書探討近代臺灣沙茶醬的發展變遷與消費文化，透過訪談潮汕移民與沙茶牛肉爐業者，並搭配史料文獻與報章雜誌，帶領讀者認識「沙茶醬」在臺灣飲食上的重要性。在本篇〈導論〉我將簡短說明「醬料」在飲食文化的重要性，接著強調「移民」對於飲食變遷的關鍵影響，最後述及「沙茶醬」的身世。透過這本專書，讀者將可深入瞭解戰後臺灣的潮汕移民以及沙茶菜餚的重要性。

一、醬料：飲食文化中的關鍵角色

在世界飲食發展過程中，一道美味的菜餚從產地環境到餐桌饗宴，需歷經繁複過程：穀物雜糧需要種植照料，牲畜禽類需要飼養看護，保藏技術與烹飪火候需要時間與經驗的累積。無論是家庭餐桌上的尋常菜餚，或是盛宴上的百味珍饈，新鮮的食材、優良的烹飪技術與美麗的擺盤，讓人們在品饌過程中，透過視覺、嗅覺以及味覺等感官，對食物產生共鳴。至於「醬料」（sauce），則在烹飪過程扮演關鍵角色，調和食物的味道，引發人們的食慾。換言之，如果缺少了最後把關的醬料，那麼前面的食材準備與烹調技術極有可能功虧一簣。

「醬料」突顯了特定食材的味道，在歷史變遷過程中，各地的自然環境、食材種類、製作技術與消費文化不同，因此產生種類殊異與味道多元的醬料。根據《食物與廚藝》(*On Food and Cooking: The Science and Lore of the Kitchen*)一書，歐洲飲食文化中的醬料製作可追溯至古羅馬時代，當時已有拉丁文獻描述「香草乳酪抹醬」(moretum)。數世紀以後，著名食譜《阿比修斯》(*Apicius*)問世，內容有四分之一以上都是醬料作法(在書中稱為 ius)，製醬材料包括醋、蜂蜜、發酵魚露與各式香料。此外，該食譜也提到運用小麥以及蛋黃等食材來提高醬料濃稠度的方法。到了中世紀，醬料製作技術出現幾項重要變化，包括：酸葡萄汁取代了魚露；十字軍東征促使中亞香料進入歐洲；廚師開發濃縮肉汁技術以及固態凍膠(魚凍和肉凍)。總體而言，歐洲基本的醬料製作準則是運用植物香料以及烹飪魚類和肉類過程中產生的湯汁，搭配蔬菜、果物等食材熬製而成。[1]

在東方飲食文化裡，傳統中國的醬料製作技術相當成熟，根據《中國飲食史》記載，古代中國的「調味品」包括鹽、蜜糖、酸味、辣味與食用油，春秋戰國即出現「醢醬」(以獸肉製成)與豆豉等，到了魏晉南北朝時代，醬料製作技術更趨成熟，尤以北魏賈思勰撰述的《齊民要術》為代表，書中對「醬」記載相當詳細，已有肉醬、魚醬與植物醬料。[2]《齊民要術》卷八提到製作醬料的月份、方法與種類，當時已出現「豆醬」、「肉醬法」、

「魚醬法」、「麥醬法」、「蝦醬」和「蟹醬」等。[3] 其中「麴」的出現與使用對於中國飲食發展相當重要，歷史學家黃興宗在《中國科學技術史》（*Science and Civilization in China*）進一步說明「麴」促成了豆類製品（豆腐、腐乳等）、豆豉、豆醬、醬油、醋以及釀酒技術之出現。[4]

隨著時間與環境變遷、食材種類增加與製作技術精進，東亞地區醬料文化更加多元。以中國來說，北方的「甜麵醬」以小麥麵粉製成，多用於「京醬肉絲」與「北平烤鴨」等菜餚；四川郫縣的「辣豆瓣醬」由黃豆或蠶豆加入辣椒與鹽製成，是川菜炒製的重要醬料。至於由大豆加上麴與食鹽等發酵製成「醬油」早已是華人餐桌上的必備醬料，每個區域又發展出不同的醬油種類，粵式常見「頭抽」、「生抽」、「老抽」與「蠔油」，傳統臺灣則有黑豆製成的「蔭油」。近來學界針對「醬文化」進行更深入研究，透過人類學研究方法，強調味覺、身體感、製作技術與醬文化之間的重要性。[5] 另一方面，日本學界也提出用「調味」作為理解飲食文化的論述：相對於東南亞魚醬文化，東亞則是豆醬文化，透過江戶時代料理書，例如《料理物語》強調日本飲食主要以鰹節、昆布、醬油與味噌等進行調味，也添加山椒、辣椒、蔥、薑、山葵、紫蘇等「藥味」（やくみ），增加食物風味。「味噌」是日本飲食重要醬料，「豆味噌」分佈於東海三縣（愛知、三重與岐阜），「麥味噌」以九州、四國與北關東爲主，其他地區多爲「米味噌」。[6]在相似脈絡下，韓國飲食也大量使用豆醬，例如「大醬」由大豆發酵而成，多用於湯類、海鮮與肉類調味，是當地普遍的醬料。韓國的「藥念」以「醫食同源」爲基礎，是一種混合調味料的總稱，包含苦椒醬、韓式味噌、韓式醬油、辣椒粉、胡麻油、大蒜與薑等。[7]

醬料的研究也受到英文學界重視，Maryann Tebben 在 *Sauces: A Global History* 一書討論醬料的起源、定義與發展過程，強調醬料具有調和身體冷熱與均衡味道的效果，並考察中國與日本的醬油、希臘與羅馬的魚露（garum）、近代番茄醬（ketchup）、黃芥末醬（mustard）、塔巴斯科辣椒醬（tabasco）、法式醬料（French sauces）、肉汁醬料（gravy）以及特殊醬料。[8]隨著人群移動日趨頻繁，我們也可看到地區性的醬料製法跨越地理邊界，在新的環境中產生不同風貌。

二、移民與飲食變遷

移民是推動飲食變遷與融合的重要因素，在人類歷史發展過程中，一四九二年哥倫布「發現」新大陸是一個分水嶺，造成新世界（美洲）與舊世界（歐亞大陸）進行食物、動物、人種、疾病與文化的交換，稱爲「哥倫布大交換」（The Columbian Exchange）。爾後「大航海時代」歐洲國家由於商業貿易的需求，積極向外拓展，促使不同地區的交流更加頻繁，連帶也造成飲食文化的變遷。

以日本爲例，大航海時代葡萄牙、西班牙的商人與傳教士來到日本，將「炸食烹飪」（deep-fried）傳入日本，出現「天婦羅」（てんぷら）、「南蠻雞」（チキン南蛮）等料理。十九世紀明治維新學習西方飲食，產生豬排飯、咖哩飯與蛋包飯等「洋食」。另一方面，來自廣東的華人到日本港埠工作，將「南京麵」傳入當地，二次戰後美援輸入麵粉刺激麵食消費，加上更多日本元素的注入（包含魚板、海苔等食材以及禪風與職人精神等），使「拉麵」（ラーメン）成爲代表日本的飲食之一。[9] 一九八〇年代以降，北美出現了顏色鮮豔的「加州卷」（California Roll），以當地普遍的酪梨淋上美乃滋醬，成爲美加地區甚受歡迎的壽司飲食。

以東南亞來說，閩粵華人離鄉背井前往當地工作，其後代為「峇峇娘惹」（Baba Nyonya），融合華人飲食觀念與南洋食材的「娘惹菜餚」甚具特色。到了十九世紀，大英帝國在東南亞發展出特殊的「殖民地飲食」（colonial cuisine），融合歐洲飲食觀念（營養健康與衛生習慣）以及東南亞本土食材（例如咖哩），當時華人多扮演廚師角色，對此飲食型態多有貢獻。[10] 另一方面，十九世紀以降，以廣東五邑（新會、台山、開平、恩平與鶴山）為主的華人來到北美挖金礦與蓋鐵路，創造了「雜碎」（chop suey）菜餚，近來學者藉此考察華人移民變遷與文化認同，並論證「美式中餐」（American Chinese food）以「效率」與「量多」等特徵著稱，成為甚受歡迎的族群食物（ethnic cuisine）。[11] 簡言之，上述討論彰顯移民對於飲食變遷與融合扮演重要角色。

三、沙茶醬的味道與身世

本書討論的「沙茶醬」是二次戰後，來自廣東地區的潮汕移民將「沙茶菜餚」（沙茶粉、沙茶醬及沙茶牛肉爐）帶到臺灣的產物。沙茶醬在今日臺灣社會相當普遍，但實際上「沙茶」

其實是個「舶來品」，其身世可追溯至南洋的「沙嗲醬」（satay or sate）。在南洋地區，居民習慣將醃漬過的烤肉串在一起，沾沙嗲醬食用，是一種常民小吃，其醬料成分包括研磨成粉的烤花生、薑黃、椰奶、棕櫚糖、南薑、小茴香、胡荽子、羅望子、檸檬汁、香茅、蔥、蒜與花椒等香料，慢火熬煮而成。

南洋「沙嗲」如何轉變爲「沙茶」？關鍵在於潮汕移民，閩粵地區素有「僑鄉」之稱，耕地狹小且人口稠密，居民爲了追尋更好的生活條件，離鄉背井乘船出洋，大多前往東南亞。根據《海外潮人的移民經驗》一書，潮人下南洋的首次高峰在清乾隆與嘉慶年間，第二次高峰在十九世紀中期，汕頭開港後興起「豬仔貿易」（契約華工），人口販子拐買潮汕華工至南洋等地。[12]當潮汕移民來到東南亞後，嚐到了當地的「沙嗲」飲食，濃厚香氣特別對味，當他們返回家鄉時，亦將「沙嗲」醬料帶回了潮汕地區並進行改良。首先，考量乘船遠行，潮汕人以油炒方式延長醬料保存期限。其次，潮汕人擅長處理水產海鮮，因此烹製過程添加了蝦米和扁魚等魚貨乾品，並加上華人喜愛的五香、果粉、薑黃與陳皮等中藥。因此，沙茶醬的顏色偏深褐且海味重。[13]潮汕地區以沙茶入菜甚爲普遍，例如沙茶牛肉粿（河粉）是潮汕人最喜愛的小吃，潮式撈麵也以沙茶醬調味。此外，潮汕當地盛產牛肉，牛肉丸與牛肉鍋也十分普遍，皆以沙茶佐味。[14]在此脈絡下，沙茶菜餚在潮汕地區逐漸成形。

潮汕地區的「沙茶」又如何傳入臺灣呢？其實潮汕人素有「東方猶太人」之稱，多數移居海外且善於經商，東南亞的暹羅（泰國）、安南（越南）與新加坡等地皆有潮汕人建立的會館公所，透過綿密的商業與社會網絡，潮汕人將中國的瓷器和藥材賣到海外，再將暹羅與安南的米、糖與香料進口至中國。[15] 在近代臺灣歷史脈絡，明清之際已有潮汕人來到臺灣，清代臺南建有「潮汕會館」，正殿供奉三山國王。[16] 此外，清領時期福建巡撫丁日昌奏請朝廷在香港、汕頭、廈門等地設立招墾局，招募移民來臺開墾，當時在汕頭曾招募潮民兩千多人，以官輪船載至臺灣。[17] 日治時期亦有不少「華僑」從中國來臺經商，當中不乏潮汕人士。[18]

然而，真正大批潮汕人移居臺灣的時間是二次戰後，他們跟隨國民黨軍隊來臺，面對新的生活環境，不少潮汕人選擇販賣原鄉熟悉的沙茶菜餚，畢竟華人著名的「三把刀」（剪刀、菜刀與剃頭刀）是在異鄉最容易生存的方式。爾後臺灣從北到南，只要有潮汕人聚集之處，多出現沙茶菜餚，包括沙茶麵、炒沙茶牛肉和沙茶牛肉爐，較著名的地區包括臺北的西門町與建成圓環一帶，高雄的哈瑪星和鹽埕區，此時沙茶醬的香味逐漸在寶島各地飄散開來。

今天大家對於「沙茶菜餚」（shacha cuisine）相當熟悉，但若回到戰後一九五〇年代的臺灣社會，當時臺灣人對於沙茶醬不僅十分陌生，而且牛肉消費比例也甚低。從戰後初期到今天，歷經七十年左右的時間，爲何沙茶醬成爲臺灣人吃火鍋不可或缺的沾醬呢？又爲何沙茶炒牛肉與牛肉爐受到許多臺灣人的青睞呢？另一個有趣的問題是：傳統農業社會臺灣人不吃牛肉，今日牛肉卻成爲肉類消費的大宗，在飲食變遷的過程中，「沙茶菜餔」是否扮演關鍵的推手呢？發源於南洋，經由潮汕人帶到臺灣的沙茶菜餔，不僅在臺灣落地生根，並由當地業者發揚光大，揚名海外，只要有華人居住的地區，就有沙茶醬的味道，沙茶醬的在地化也是非常有趣的議題。

如果你想瞭解沙茶飲食變遷的歷程，請繼續往下閱讀，本書將娓娓道來沙茶菜餔的有趣故事。

四、本書結構

本書討論戰後潮汕移民將沙茶飲食傳入臺灣的變遷過程，透過文獻資料的彙整與分析，加上訪談臺灣不同地區的沙茶飲食業者，探究「沙茶菜餚」在戰後臺灣飲食變遷之重要性。就本書結構而言，〈導論〉說明醬料、移民與沙茶的重要性。第一章〈餐桌上的新味道：「沙茶菜餚」的出現〉，說明沙茶醬的製作、沙茶的品牌商號（以臺南「牛頭牌」和高雄「赤牛牌」為主）並討論何謂「沙茶菜餚」（shacha cuisine）。第二章〈戰後臺灣的潮汕移民〉，透過高雄、臺南與臺北的潮汕移民，探討遷徙脈絡、同鄉會運作以及沙茶飲食產業。第三章〈沙茶滋味與家族故事〉聚焦於代表性的沙茶餐館業者，包括臺北吳元勝家族、高雄鹽埕地區沙茶業者與臺南「小豪洲」餐館。第四章〈各具特色的沙茶店家〉考察基隆、新竹、臺中與屏東的沙茶飲食業者以及飲食型態。第五章〈結論：戰後臺灣「沙茶菜餚」的社會與文化意涵〉論述戰後臺灣「沙茶飲食」在社會與文化方面的重要意涵。

肉骨茶

肉骨茶（Bak kut teh）的來源說法不一，新馬華人之間較普遍的說法是閩粵苦力在馬來西亞的巴生（Klang）工作，偶然間將故鄉的藥材加入肉骨熬煮成湯，蹲在後街配飯進食，因補身又懷鄉而流傳開來。參閱林金城，〈肉骨茶起源考〉，收於張玉欣、周寧靜主編，《第十屆中華飲食文化學術研討會論文集》（臺北：財團法人中華飲食文化基金會，二〇〇八年），頁三九三—四〇三。

1哈洛德・馬基（Harold McGee）著，蔡承志譯，陳聖明審，《食物與廚藝：麵食、醬料、甜點、飲料》（*On Food and Cooking: The Science and Lore of the Kitchen*）（新北市：大家出版社，二〇一〇年），頁八五－九四。

2徐海棠主編，《中國飲食史》卷一，頁二〇五－二一二；卷二，頁三〇三－三〇五；卷三，頁一〇〇－一〇三；卷四，頁六九三－六九四。

3賈思勰著，繆啓愉、繆桂龍譯註，《齊民要術》（上海：上海古籍出版社，二〇〇九年），頁四六〇－四七四。

4黃興宗著，李約瑟《中國科學技術史》第六卷〈生物學及相關技術〉第五分冊〈發酵與食品科學〉。（北京：科學出版社、上海古籍出版社，二〇〇八年），頁二四三－三一八。

5詳閱陳建源，〈擺盪在傳統、記憶與食安之間：醬油觀光工廠裡的文化與身體經驗〉；李宜澤，〈「組裝」醬料的當代風土論述：以臺中地區發酵釀造工坊的生產網絡爲例〉；鄭肇祺，〈防腐與提鮮：地方文化協會與醬園的討論及實踐〉；日宏煜與羅恩加，〈從「酵素」到「醬」：當代泰雅族飲食流變的文化地景〉；張展鴻與王迪安〈鼓油小碟裏的香港：從生曬醬油到港製頭抽〉，收錄於《中國飲食文化》十四卷二期（二〇一八年十月）「醬文化」專輯。

6磯部賢治，〈味噌－伝統からの贈り物〉，《表面と眞空》六十二卷六號（二〇一九年），頁三七七－三七九。

7松下幸子，〈調味のあらましとその今・昔〉，杉田浩一與石毛直道編，《調理の文化》（東京：ドメス出版，一九九五年第三刷），頁三一－五三；福田浩，〈日本的味つけとは何か〉，同前，頁四三－五三；吉田集而，〈調味の世界地図〉，同前，頁五五－六七。

8 Maryann Tebben. *Sauces: A Global History* (London: Reaktion Books Ltd, 2014).

9有關拉麵在英文學界的研究，參閱 Barak Kushner, *Slurp: A Social and Culinary History of Ramen: Japan's Favorite Noodle Soup* (Leiden: Boston: Global Oriental, 2012); George Solt, *The Untold History of Ramen: How Political Crisis in Japan Spawned a Global Food Craze* (Berkeley: The University of California Press, 2014)，本書有中譯本，喬治·索爾特著，李昕彥譯，《拉麵：一麵入魂的國民料理發展史》（新北市：八旗文化，二〇一六年），另可參閱中文書評，郭忠豪，〈評 The Untold History of Ramen〉，《中國飲食文化》十二卷一期（二〇一六年四月），頁二七三－二七九。

10 Cecilia Leong-Salobir, *Food Culture in Colonial Asia: A Taste of Empire* (London: Routledge, 2011). 可參考中文書評，郭忠豪，〈評 Food Culture in Colonial Asia〉，《中國飲食文化》十四卷一期（二〇一八年四月），頁二一七－二二三。

11 有關雜碎的學術研究請參閱 Andrew Coe, *Chop Suey: A Cultural History of Chinese Food in the United States* (Oxford: Oxford University Press, 2009)，本書有中譯本，安德魯·柯伊著，高紫文譯，《雜碎：美國中餐文化史》（新北市：遠足文化，二〇一九年）。Yong Chen, *Chop Suey, USA: The Story of Chinese Food in America* (New York: Columbia University Press, 2014)，另可參考書評，郭忠豪，〈評 *Chop Suey, USA*〉，《中國飲食文化》十二卷二期（二〇一六年十月），頁一七三－一八一。Anne Mendelson, *Chow Chop Suey: Food and the Chinese American Journey* (New York: Columbia University Press, 2016). Haiming Liu, *From Canton Restaurants to Panda Express: A History of Chinese Food in the United States* (New Brunswick: Rutgers University Press, 2015). Bruce Makoto Arnold, Tanfer Emin Tun, Raymond Douglas Chong eds., *Chop Suey and Sushi from Sea to Shining Sea: Chinese and Japanese Restaurants in the United States* (Fayetteville: University of Arkansas Press, 2018).

12 參閱巫秋玉，〈明清時期潮汕港口發展與潮人下南洋〉，收於李志賢主編，《海外潮人的移民經驗》（新加坡：八方文化企業，二〇〇三年），頁三八九－三九八。

13 訪談高雄市「可香潮菜館」第二代店主朱瑋生，二〇一五年十一月二十日。

14 參閱潮汕歷史文化研究中心編，余文華著，《潮州菜與潮州筵席》（廣州：花城出版社，一九九九年），頁四二；張新民，《潮汕味道》（廣州：中國廣州暨南大學，二〇一二年），頁十八－十九；林貞標，《玩味潮汕》（廣州：中山大學出版社，二〇一六年），頁三二－五五；知中，《關於火鍋的一切特集》（北京：中信出版集團，二〇一九年），頁一一八—一四三。

15 潮汕人善於經商，例如蔡志祥的研究提到十九世紀潮汕商人建立了一個橫跨香港、新加坡、曼谷和汕頭的米穀貿易網絡，透過「聯號」的公司形式將泰國的米銷售到華南地區。參閱 Choi, Chicheung, "Rice, Treaty Ports and the Chaozhou Chinese Lianhao Associate Companies: Construction of a South China-Hong Kong-Southeast Asia Commodity Network, 1850s-1930s" in Lin Yu-ju and Madeleine Zelin eds. *Merchants Communities in Asia, 1600-1980* (London: Pickering & Chatto Ltd), pp. 53-77.

16 潮汕會館位於臺南市立人街三十號，由旅臺潮人楊允璽（廣東大埔）、林夢熊（廣東海陽）等潮商集資興建。潮汕會館正殿供奉三山國王，右殿爲韓文公祠，左殿供奉媽祖、兩廣總督與廣東巡撫之牌位。會館專供潮汕商民留宿、聚會與促進商務之用。參閱周宗賢，〈臺灣會館的研究〉，《淡江學報》二四期（一九八六年四月），頁二四三。

17 呂實強，《丁日昌與自強運動》（臺北市：中央研究院近代史研究所，一九七二年），頁二九二；臺灣銀行經濟研究室編，《臺東州采訪冊》（臺北市：大通書局，一九八四年），頁四二；謝紀康，〈丁日昌對臺灣防務的探討：以電報等洋務建設爲例〉，《育達科大學報》二二期（二〇一〇年三月），頁七九—八〇。

18 「華僑」是指在「臺民去就決定日」（一八九七年五月八日）以後來臺之中國大陸人。由於閩粵地區謀生困難，自古即有外移之傳統。日治時期臺灣工作機會多、工資高，且語言和風俗習慣與閩粵相似，再加上臺灣勞力不足，需由大陸勞工補充，因此吸引許多華僑來臺工作。日治初期臺灣各地已有華僑團體，例如廣東華僑分爲粵東幫和潮州幫，各有私會亦合組公會。一九〇一年大稻埕的廣東幫與潮州幫組織臺北公會，整頓商規。「臺灣中華會館」要到一九二三年才成立。參閱許雪姬，〈臺灣中華總會館成立前的「臺灣華僑」，一八九五—一九二七〉，《中央研究院近代史研究所集刊》二十期（一九九一年六月），頁一一三—一一四、一一八。

Chapter I

餐桌上的新味道：「沙茶菜餚」的出現

一、「沙茶醬」的製作

日治時期臺灣的沙茶醬消費比例甚低，或許有少數潮汕移民製作沙茶醬自行食用，但鮮少在市場上出現。二次戰後隨著潮汕人來到臺灣，沙茶醬的消費逐漸普及，一九七七年《聯合報》指出：

在臺灣光復前，並沒有「沙茶醬」這玩意兒。光復後，由相繼來臺的廣東汕頭人開始製造，才逐漸普遍，於是到處可以看到「沙茶牛肉」、「沙茶火鍋」一些搶眼的招牌。「沙茶」原名「沙爹」，是馬來話，因閩南語「茶」的語音念「ㄉㄧㄝ」，所以「沙茶」這名稱是閩南語（包括汕頭話）的譯音，如果以國語或廣州話的譯音就又不對勁了。[1]

這篇報導說明沙茶醬進入臺灣的發展脈絡，最早源自東南亞的「沙嗲」（satay），經由潮汕移工傳回家鄉，戰後再傳至臺灣，且多與牛肉烹飪入饌。當時面對這一項新奇醬料，大家顯然不熟悉，甚至不知道從何吃起！

的確，臺灣不若南洋盛產香料，傳統飲食甚少加入香料提味，戰後初期面對由各式香料組成的沙茶醬（包括香草、丁香、大小茴香與薑黃等）自然顯得陌生。在此環境下，在臺的潮汕人士不僅熟悉沙茶醬原料取得的方法，同時也專精於沙茶醬的製作。經過多方訪談可看出戰後臺灣的沙茶醬製作歷經轉變，概略來說，第一代來臺潮汕人的製作方式與原鄉相當類似。然而，到了第二代與第三代之後，製作方式明顯不同，此時多採臺灣本土食材製作，並考量臺灣消費者飲食習慣，有些店家堅持自行炒製沙茶醬，希望保有自己特色，有些店家需求量較大，開始透過食品工廠代為製作。無論是自行炒製或者透過代工，店家多對沙茶醬的「秘方」有所保留，因為關係著沙茶醬品質與口味好壞，甚少人願意公開秘方。晚近由於衛生法規，食品必須詳列原料名稱，因此沙茶醬的配方不若過往神秘。

來臺第三代的潮汕人，同時也是臺北「汕頭元香沙茶火鍋」的負責人吳振豪表示：沙茶醬的製作過程非常繁複，首先從迪化街買來白芝麻炒熟，需拿捏火候，火候太大會使芝麻外表焦黑但內部不熟，導致芝麻內部油份無法釋出。其次，從信譽可靠的店家購買花生粉加入芝麻油內。然後再處理蒜頭，將蒜末放入大鍋與沙拉油同炒，炒過的蒜頭必須瀝乾防止長霉。接著將曬好的扁魚（通常是比目魚或鰈魚）以油炸酥，放涼後再用機器攪拌製成扁魚酥。此外，還需將辣椒炒熟並以油浸、煎炒椰絲備用以及油炸蝦米，並使用獨門中藥添加風味。

如此一來，安全可靠且味道香醇的沙茶醬才大功告成。[2] 值得一提的是，有些潮汕人在製作沙茶醬時會添加「魚露」，將鮮魚置入鹽滷缸中浸泡多日，再將滷水與魚蝦共煮，蒸餾出的汁液即爲「魚露」，或稱爲「魚汁」與「鹹汁」，味道濃厚。[3] 不過，並非每個人都喜歡魚露的味道，店家會調整沙茶醬中的魚露比例，有些店家就不添加魚露。

當沙茶醬製作完成進入市面後，大家對此醬料感到新奇，但卻不知如何食用。一九六九年一月十七日《經濟日報》刊登一則報導，教導人們如何食用沙茶醬：

> 在吃沙茶火鍋的時候，應該注意到菜類及佐料的調拌方法。每人首先要把一個雞蛋破殼，用一個碗將蛋黃和沙茶醬拌勻，蛋白留置另一隻小湯碗中（假如連蛋清亦放進沙茶醬內，則難以拌勻，因爲當你挾菜肉類浸入沙茶醬中時，由於蛋白過於滑黏，使沙茶醬不易被帶起）。[4]

傳統臺灣社會雞肉取得不易，雞蛋亦是如此，甚少單獨將蛋黃取出食用。戰後沙茶火鍋流行後，將蛋黃加入沙茶醬內已成爲約定俗成的吃法。爾後沙茶醬的佐料日趨多元，也添加蔥、蒜、辣椒以及香菜等，近來由於禽流感以及食安意識提高，顧客在沙茶醬內攪拌生蛋黃的比例已大幅減少。

除了餐館之外，也有潮汕移民在臺成立食品工廠製作沙茶醬，一九六八年十月二十二日《經濟日報》指出：不少家庭主婦喜愛購買「臺南南華家庭工業社」出產的「牛頭牌沙茶醬」，因爲售價便宜（每罐新臺幣十二元）且罐裝密封，乾淨衛生。[5]「牛頭牌」由廣東潮安人劉來欽創辦，日後成爲華人世界知名的沙茶醬品牌。此外，來自廣東澄海的高雄杜象家族也投入沙茶醬製作，推出「赤牛牌沙茶醬」。一九八〇年代以生產醬油聞名的「金蘭食品公司」也投入沙茶醬的生產，強調做菜時**「加一點金蘭沙茶醬，倍增食物鮮美，且能產生獨特的風味，教人吃了胃口大開」**。[6]與此同時，「亞伯實業公司」也推出「豬王牌沙茶醬」，強調不含防腐劑及任何人工添加物，因應市場需求，推出不同包裝（分別是十八公斤、三公斤、七三七公克與一二〇公克等），方便顧客選擇。[7]

當沙茶醬逐漸普及後，電視教學節目也開始教導家庭主婦如何使用沙茶醬烹調。戰後提倡中菜廚藝的著名廚師馬均權和傅培梅，均曾在節目中介紹沙茶醬。馬均權（一九二一—一九八一）在中視《點心世界》示範做菜，回答讀者來信時，提到臺北「元香沙茶火鍋」老闆吳藩俠慷慨分享沙茶醬的原料與製作方式，食材包括芹菜子、韭菜子、香茶子、金鈎蝦、辣椒、花生粉、花生油、紅糖、鹽、麻油、香料、紅蔥頭、蒜頭以及醬油等。[8]另一位是本籍山東的傅培梅（一九三一—二〇〇四），她是戰後臺灣中菜的代言人。一九四九年來到臺灣，丈夫喜愛打牌，牌友多爲講究美食的上海人，爲煮出像樣的菜色宴客，傅培梅以每堂課八百元的學費向名廚學習燒菜，當時臺北有名的中菜館包括上海「老正興」、「狀元樓」、四川「豫園」、廣東「金城」、湖南「玉樓東」以及北方「平津」。一九五六年她自設中菜烹飪班，並主持臺視多個烹飪教學節目，例如《傅培梅時間》、《家庭食譜》和《幸福家庭》，其中《傅培梅時間》是全臺第一個烹飪節目，也是臺灣第一個直播的非綜藝與非新聞性節目，播出時間從一九六二至二〇〇二年。[9] 傅培梅也曾出版《咖哩與沙茶醬》專書，教導家庭主婦如何使用沙茶醬調味。[10]

二、來自高雄的味道：「赤牛牌」沙茶醬

二次戰後不少潮汕人跟隨國民政府來到臺灣，氣候與潮汕地區相似的高雄成爲許多人落腳地的首選，從鼓山哈瑪星到鹽埕區聚集不少潮汕移民，來自廣東澄海的杜象（一九二九—一九八二）也是其中一位。杜象原本只是一位年輕小夥子，但藉由自身努力，在高雄創立「赤牛牌沙茶醬」，在臺灣的沙茶消費上扮演重要角色。

一九四七年國共內戰國民黨一路南退，到了廣東澄海一帶由於兵源不足，就地招募年輕人從軍，當時年僅十八歲的杜象爲了躲避從軍渡海來臺，先到高雄潮汕人開設的工廠學做冬菜。「冬菜」是一種特殊佐料，在潮汕地區相當普遍，通常以大白菜爲原料，採收後風乾脫水，切細後以蒜頭、鹽和五香味素醃製而成，適合放入湯品內添味，一般人品嚐鴨肉冬粉、豬舌冬粉與餛飩湯都會添加冬菜，讓食物更加美味。[11]

麒麟牌冬菜｜吳錦足女士提供

到了一九六四年，杜象與妻子杜謝阿越（一九三三—一九八九，彰化和美人）決定自行創業，他們選定高雄市三民區安宜里的自行橫巷開設「順合興」食品工廠，專售潮汕口味的特殊食品，即冬菜和沙茶醬。對杜象來說，之前在冬菜工廠累積的經驗對他幫助甚大，他成功地開創三種品牌的冬菜，分別是「寶島牌」、「人馬牌」和「麒麟牌」，銷售範圍遠從屏東到臺北。[12]此外，杜象對沙茶醬製作也相當用心，希望把正宗潮汕沙茶味道帶入臺灣，因此對於食材甚爲講究，以花生、白芝麻、五香、蝦米、扁魚與特殊中藥材調製而成，並以「赤牛」作爲主要商標，搭配「黑牛」與「黃牛」兩種副牌，以體態健壯的牛隻爲商標，營造活力健康的形象！

杜象積極推廣沙茶醬產品，然而過程卻不如想像中順利。杜象的媳婦吳錦足在訪談中說明，沙茶是二次

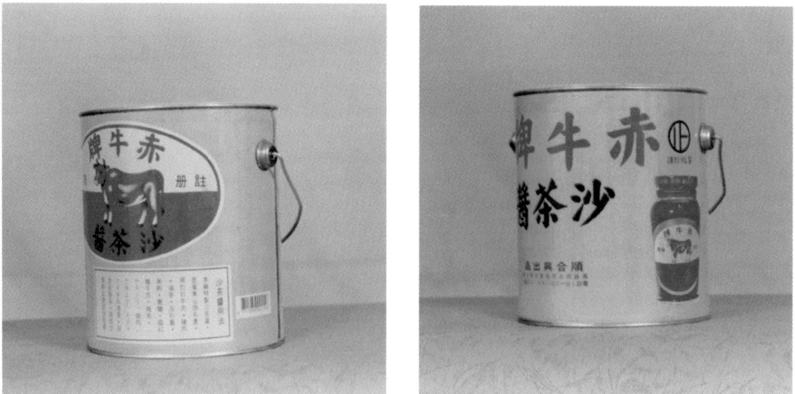

鐵罐裝的「赤牛牌」沙茶醬 ｜吳錦足女士提供

戰後才由潮汕人引進臺灣的特殊調味料，當時大部分臺灣人對此商品非常陌生，再加上品牌有「牛」字，致使消費者誤以爲沙茶醬含有牛肉成分而不敢購買。誠如所知，傳統臺灣社會以牛耕作，農民感念牛隻辛苦而忌食牛肉，也有一些人基於宗教因素不吃牛肉，上述因素使得創業初期的產品銷售並不順利。不過，一九七九年「順合興」公司有了新契機，杜象成功爭取到國防部福利中心的訂單，「赤牛牌」沙茶醬與相關產品得以推廣到軍公教消費者身上，公司業績穩定成長並在市場上累積相當的消費客群，坊間小吃店家喜愛使用「赤牛牌」沙茶醬炒飯、炒麵以及烹飪燴飯。

玻璃瓶裝的「赤牛牌」沙茶醬 | 吳錦足女士提供

拍攝沙茶醬廣告的淩波｜吳錦足女士提供

「矮仔材」和「大肥玲玲」以及五歲的杜亨堅拍攝廣告｜吳錦足女士提供

現存照片保留了當年「赤牛牌」沙茶醬的樣貌，當時的容器分爲兩種，第一種是黃色鐵罐包裝，再印上商標，紅黑色字體搭配鮮豔的黃色，非常顯目。此外，爲了讓消費者知道如何使用這種新調味料，包裝上也載明「沙茶醬用法」。鐵罐裝沙茶醬容量大，主要銷售至餐廳或機關團體的廚房。第二種是玻璃瓶裝沙茶醬，瓶身與瓶蓋皆印有「赤牛牌沙茶醬」商標，透過玻璃瓶身映照出色澤褐麗的沙茶醬，更顯滋味誘人。

杜象深諳廣告行銷的功效，一九七〇年代電視逐漸普及，他安排幼子杜亨堅拍攝廣告推銷自家商品，可愛的

造型可愛的「赤牛牌沙茶醬」宣傳車｜吳錦足女士提供

模樣吸引不少婆婆媽媽，並營造「赤牛牌」價錢公道（十元）、老少咸宜的形象。杜象也請影星田文仲爲「赤牛牌」設計行銷，並找來大明星凌波拍攝廣告，透過水汪汪的眼神傳遞沙茶醬的好滋味；另也邀請陶姑媽和諧星「矮仔材」、「大肥玲玲」拍攝廣告，強調沙茶醬烹調出來的美味。[13]此外，「順合興」食品的外送車輛小巧可愛，車身漆上「赤牛牌」沙茶醬圖案，由於當時汽車並不普遍，更加深了大家對於這個品牌的印象。

總結來說，「赤牛牌」沙茶醬訴說的是潮汕小夥子杜象戰後來到臺灣，胼手胝足的創業故事，特別是他透過影視歌星與電視的宣傳，將沙茶醬的美好味道從高雄傳到寶島各地。

三、揚名海外的臺灣品牌：「牛頭牌」沙茶醬

今天在臺灣街頭巷尾的便利商店與一般賣場，或是海外的華人超市，都很容易找到罐裝的「牛頭牌」沙茶醬。仔細端詳其中，深褐色的沙茶沉浸底部，上面漂浮著色澤鮮明的油漬，打開瓶蓋香味撲鼻而來，不論是寶島家鄉的廚房，或是北美的嚴冬時節，一匙沙茶醬炒菜

「牛頭牌」沙茶醬創辦人－劉來欽全家福｜劉貞秀女士提供

劉來欽先生（左一）訪美，與柯林頓先生同影｜劉貞秀女士提供

或者蘸著火鍋料一塊兒吃，湧上心頭的是熟悉溫暖的味道！究竟「牛頭牌」沙茶醬是如何在臺灣出現的呢？若要進一步瞭解，就必須從該品牌創辦人劉來欽先生的故事講起。

根據〈沙茶醬之父—劉來欽〉一文，劉來欽（一九二四—二〇〇七）出生於廣東省潮安縣意溪鎮，一九四九年隨著國民黨部隊渡海來臺，初始在臺南「車路墘製糖廠」擔任警衛，後來與施罔腰（一九二六—一九九九）女士共結連理。[14]說來或許巧合，二次戰後接管臺灣糖廠的多為潮汕人，因為潮汕地區氣候與臺灣南部相似，皆適合種植甘蔗。相較於中國其他地方，潮汕當地製糖事業發展較早，根據明代隆慶時期（一五六七—一五七二）的《朝陽縣志》，當時潮汕地區已有糖寮，以土法製糖，村鎮有糖行，收購土糖寮的紅糖之後再以船運至朝陽、揭陽與汕頭。二十世紀初期，汕頭與揭陽等地已有較具規模的糖廠，因此，戰後國民政府指派對於糖業較熟悉的潮汕人來接收日本留下的糖廠。[15]其中，較著名的人物有來自廣東揭陽的張季熙（一八九八—一九七〇），他留學德國專攻酒精釀造，後任職於「廣西酒精廠」和「湖南省酒精廠」，其家族也在中國經營酒精釀造工廠，生產「雙獅牌」酒精，銷售至上海及華南各地。戰後奉命來臺接收「臺灣製糖株式會社」、「阿緱製糖所」和「東亞冰糖株式會社」。張季熙的表弟姚萬年也十分傑出，一九二〇年代留學德國專攻化學，一九三二年與中國的化學家們在南京成立「中國化學會」並當選理事，曾任「廣西工業研究所」

副所長等職。戰後姚萬年奉命接管「後壁林製糖所」並擔任「小港糖廠」廠長，也曾擔任「臺灣礦業公司」董事長。[16]

婚後劉來欽辭去「車路墘製糖廠」的工作，[17]改賣潮汕家鄉的沙茶粉拌麵，這是「牛頭牌」沙茶醬創業的第一步。現今社會消費者較少聽到沙茶粉，它多用於拌麵、烤玉米以及牛肉燴飯，沙茶醬多用於火鍋沾料。劉來欽製作的沙茶粉味道香醇，迅速贏得附近居民的喜愛，名氣愈來愈大。爾後「中國廣播公司」臺南分部的播報員趙森海嚐過，難忘其滋味，遂在節目中大力推薦。趙森海是臺南人，臺南師範學校畢業後原從事教職，後往演藝界發展，以「趙震」的藝名主演過《黃帝子孫》等影片，又以「林菁」的藝名在「中國廣播公司」臺南臺主持節目，介紹各地美食，在南部收聽率很高。由於擁有高知名度與人氣，趙森海曾出馬競選民意代表，當選臺南市第六屆市議員以及臺灣省第四、五屆省議員。[18]因為他在廣播節目中的介紹，劉來欽的沙茶粉逐漸在南臺灣打出知名度。劉來欽頗具有生意頭腦，眼看沙茶粉甚受歡迎，一九六八年在臺南市衛民街成立一間家庭式小工廠，名為「南華家庭工業社」，專門生產沙茶粉和沙茶醬。至於今天消費者熟悉的「牛頭牌」商標，根據大女兒劉貞秀表示，其靈感一方面來自劉來欽小時候幫忙務農，對牛隻倍感親切，另一方面他想到日本著名的「森永乳業」以一隻可愛小牛為標誌，遂以「牛」做為商標圖像，搭配五瓣梅花，於是大家耳熟能詳的「牛頭牌」沙茶醬正式出現。[19]

一九六八年十月《經濟日報》刊登一篇〈主婦們談市場物價〉，提到「沙茶醬銷路大增」：

天氣逐漸轉涼，沙茶醬的銷路大增，其中以臺南南華家庭工業社的牛頭牌沙茶醬，最受主婦們歡迎，因爲它每罐祇售十二元，而且罐瓶密封，看起來乾淨衛生。除了豬牛肉醮沙茶醬食用味鮮外，以粉絲、海參、米粉或魚片醮食，味道也挺不錯。[20]

從這則報導來看，一九六〇年代晚期大家對於「沙茶醬」已有一定程度瞭解，坊間多有店家販售，此時「牛頭牌」沙茶醬問世，以良好品質與公道價錢受到肯定，尤其在寒冷冬天，大家可以吃火鍋配沙茶醬。另外，一九六九年七月十五日《經濟日報》也刊登〈比一比這家最便宜〉，內文提到「牛頭牌」沙茶醬在一般食品商號售價是十二元，但在臺北市建國北路的「香賓餅店」每罐只賣十一元，顯然當時「牛頭牌」沙茶醬已經銷售到臺北地區了。[21]

由於牛頭牌沙茶醬銷路極好，劉來欽初創的「南華工業社」規模上已無法應付市場需求，於是在臺南市富強路成立「好來一食品廠」，擴大工廠規模增加沙茶醬產量。到了一九六九年中秋節前夕，《經濟日報》刊登一則「牛頭牌」沙茶醬報導：

南華工業社會爲適合時令及迎接中秋佳節的來臨，加工製造大量的牛頭牌沙茶醬供市。南華社說，牛頭牌沙茶醬已擁有十五年以上的歷史，甚獲食其味者的好評。南華工業社董事長劉來欽說，牛頭牌沙茶醬是調配蝦米、扁魚、蔥、竹筍、辣椒等十五種佐料混合而成，不但可促進食慾，對嗜食辣味的朋友，是最佳佐餐的菜餚。時已屆秋，氣候涼爽，時逢佳節即至，不論好友歡聚，或贈之與親友，均係適時之選。南華工業社所屬好來一食品工廠，除出品牛頭牌沙茶醬之外，另製產一種玉米醬，玉米醬是專用朴子改良場的優良玉米，調拌人參、馬鈴薯及肉類而成，亦是美味佳餚。好來一食品廠，廠址在臺南市富強路二二三巷九一號，電話二五四六九號。[22]

「牛頭牌」紅蔥醬｜曾齡儀拍攝

一九七〇年代是「牛頭牌」沙茶醬消費的關鍵時期。當時臺灣由農業社會轉型爲工商社會，青壯人口多往城市發展，耕耘機取代牛隻地位，在此情況下，「禁食牛肉」的禁忌漸淡化。由於牛隻用途減少，多送往市場屠宰銷售，坊間餐館也出現牛肉菜餚。在當時的牛肉消費中，「牛肉爐」佔有一定比例，以牛肉片沾沙茶醬是大家熟悉的食用方式之一，由於牛肉配上沙茶醬十分「對味」，因此「牛頭牌」沙茶醬的銷售量與牛肉消費相輔相成。一九七二年《聯合副刊》刊登一篇散文，作者描述與友人到臺大附近小吃攤吃火鍋，抱怨桌上那碗粗製沙茶醬看來不佳，友人特地到對面食品店買一瓶「牛頭牌」沙茶醬一起分享。[23] 爲了加速生產效率，一九七四年劉來欽引進半自動化機械封瓶設備，同時也以鐵罐包裝，方便外銷與禮品餽贈。[24]

到了一九八二年，劉來欽擴大生產規模，將廠房搬遷至臺南縣新市，並將公司名稱改爲「好帝一」食品

「牛頭牌」沙茶炸醬與咖哩炒醬｜曾齡儀拍攝

有限公司。[25]一九八七年，「牛頭牌」沙茶醬新廠的生產線擴建完成，大大提升沙茶醬的產量。[26]到了一九九〇年代初期，「好帝一」生產的沙茶醬在臺灣已有百分之九十以上的市占率，成爲臺灣知名度最高的沙茶醬品牌！[27]

有趣的是，由於「牛頭牌沙茶醬」名聲響亮，當時市面上許多沙茶醬皆冠上「牛」的品牌銷售，除了「牛頭牌」之外，還有「金牛牌」、「老牛牌」、「赤牛牌」、「黑牛牌」、「黃牛牌」、「牛味珍」、「牛霸王」、「牛王牌」、「吉牛牌」、「勇牛牌」、「憨牛」與「銀牛」等，其他品牌名稱尚有「海霸王」、「肉羊牌」與「豬王牌」等二十多個。[28]由於牛頭牌知名度高，亦有不肖業者冒名製作與販售，一九八一年臺北有人僞造萬餘瓶「牛頭牌」沙茶醬在市場上

「牛頭牌」咖哩塊｜曾齡儀拍攝

販售獲利，遭警方破獲；[29]一九八六年警方在新店查獲兩家雜貨商販賣「牛頭牌」沙茶醬的仿冒品。[30]有鑒於此，「牛頭牌」沙茶醬重新設計包裝，免受仿冒之累。[31]

「牛頭牌」沙茶醬如此成功，創辦人劉來欽居功厥偉，他研發的沙茶粉與沙茶醬長期受人肯定。爾後他考量臺灣素食人口眾多，從一九九六年開始研發「素食沙茶醬」，歷經多年嘗試與改造，直到二〇〇三年才確定以芝麻、黃豆油、花生粉、椰子粉、天然香辛料等素材製成的「素食沙茶醬」配方，味道與一般沙茶醬相似，並將葷素生產線分開。二〇〇三年八月，「好帝一」於臺南大億麗緻酒店舉行「素沙茶醬」上市發表會，邀請明華園小生孫翠鳳代言，讓臺灣的素食消費者也能享用沙茶醬的美味。[32]

位於臺南新市的「牛頭牌」工廠｜曾齡儀拍攝

二〇〇七年，享有「臺灣沙茶醬之父」美譽的劉來欽辭世，不過，他所打造的沙茶醬王國繼續運作。除了大家熟悉的沙茶醬之外，「好帝一」也研發多種醬料，例如「紅蔥醬」適合家庭炒菜與燉煮湯品；「咖哩炒醬」與「泰式甜辣醬」受到新移民與年輕族群歡迎；「沙茶炸醬」與「香椿炸醬」適合麵條調味；「XO醬」也有特定消費者喜愛。此外，「好帝一」也生產咖哩湯塊、雞湯塊與酸辣湯塊，適合現代社會講究效率的飲食習慣。另外，考量臺灣與海外的清眞飲食消費者，該公司也開發「清眞食品」（Halal），二〇〇九年參加「臺北國際食品展」，在「清眞食品形象館」（Halal Pavilion）展示相關產品，期望將「牛頭牌」推廣至東南亞與中東等穆斯林消費者的餐桌上。[33]

總結來說，劉來欽來自潮汕地區，後以臺灣作爲發展基地，將原鄉潮汕的常民醬料「沙茶」推展到臺灣，成爲戰後臺灣社會喜愛的特殊醬料，尤其適合與牛肉一同入饌。劉來欽創辦的「好帝一」也以現代化的生產方式，創新研發沙茶醬以及相關醬料，把沙茶的香味從古都臺南帶到世界各地。

四、戰後牛肉飲食的出現：「沙茶菜餚」的消費型態

牛肉在今天臺灣飲食文化扮演重要角色，以牛排而言，從夜市平價牛排到星級飯店的高檔牛排皆有人消費；以地方飲食來說，臺南的「牛肉湯」聞名遐邇，是許多人必嚐的府城美食之一；在麵食方面，戰後才出現的「牛肉麵」隨處可見，更是海外「臺灣食物」的代表；當然還有甚受國人喜愛，由日本空運來臺的「和牛」以及居酒屋不可少的「燒烤牛舌」等。然而，各位讀者或許沒有想到，如果將時間往前推五十年甚至一百年，當時臺灣社會牛肉消費比例甚低，鮮少出現在一般家庭的餐桌上。

爲何傳統臺灣社會甚少出現牛肉消費呢？從地理環境來看，十七世紀前的臺灣不產牛馬，頂多是山野中有少數野牛。到了荷蘭時期，爲了開墾田地，荷蘭人鼓勵閩粵漢人來臺開墾，同時也將黃牛從印尼引進臺灣。[34]到了清領時期，閩粵漢人帶來適合水田耕作的水牛。[35]此後牛隻在臺灣逐漸普遍，主要用於耕作，爲了確保農耕畜力，清廷頒布律令禁止人民私自屠牛。在此情況下，牛肉甚少出現在傳統臺灣社會的餐桌上。

日治時期受到殖民母國的影響，臺灣的牛肉消費情況有所改變。西元六七五年日本天武天皇頒佈「禁止食肉令」，肉類消費受到限制，直到一八七一年十二月，明治天皇倡導文明開化，解除肉食禁令，轉而鼓勵日人多吃肉類，特別是牛肉。[36] 一八九五年日人領臺後，開始進行臺灣舊慣調查，發現當時臺人不食牛肉，精通漢文且任職過臺灣總督府學務部的佐倉孫三，在《臺風雜記》提到：「臺人嗜獸肉，而不嗜牛肉。非不嗜也，是有說焉。蓋牛者，代人耕作田野，且孔廟釋典之禮以大牢，是以憚而不食也。獨怪未見人之遺棄老牛者。」[37] 這段紀錄說明了臺人受到傳統祭祀禮儀與農田耕作的影響，在日治以前不嗜牛肉的情形。

除了佐倉孫三，另一位擔任過法院檢查局通譯的日人東方孝義也觀察到臺灣肉食情況，他在《臺灣習俗》的〈家畜、野獸〉提到：臺灣家畜以豬的數量最多，一年消費百萬餘頭，大部分家庭婦女皆以養豬為副業，但其數目然仍不足以供應臺灣島內消費，而需從日本內地輸入。領臺前，臺人不食用牛、水牛、馬、犬、貓，但是領臺以後，食用牛肉的情形增多。至於臺人為何不食用牛肉，東方孝義認為「畜牛耕作五穀，保全人類性命，又運輸人力所不及之貨物，對人類助益甚大，絕不殺之，而是愛撫飼養，無法將其作為桌上肉」。[38] 主要觀點也認為牛隻多用於農田耕作與運輸用途，農民體恤牛隻辛勞而不忍食之。

一八九五年日本統治臺灣之後，秉持「文明開化」的理念積極鼓勵臺人吃牛肉。不過，飲食習慣的改變並非一蹴可幾，需要長久時間的累積。從許多資料來看，當時臺人消費牛肉不甚普遍，一九〇五年日人「臺灣慣習研究會」團體調查臺北兩間「支那料理店」（中餐館），第一家「瑞成春菜牌」所標示的七十道菜中，牛肉料理只有三道，第二家「聚英樓御料理」出現的九十六道菜餚中完全沒有牛肉料理。[39]不過，在日人鼓勵之下，臺人的牛肉消費確實逐漸成長，部分臺灣知識份子受到日本「鋤燒」料理（スキヤキ）影響，也開始嘗試這項新飲食。「鋤燒」又稱爲「牛肉鍋」或是「壽喜燒」，是明治時期流行於日本知識階層的一道料理，品嚐牛肉對於當時日本菁英來說，等同於「文明」、「西化」與「進步」，爾後此現象也影響殖民地臺灣，不少臺灣菁英階層藉由品嚐「鋤燒料理」，想像自己與日本及西方文明價值互相接軌。[40]

爲了增加殖民地臺灣的牛肉消費，日本殖民政府推動「畜牧科學化」，臺灣總督府引進印度牛與臺灣牛配種，藉此改善牛隻體質與肉質，並從制度面改善牛隻畜養、牛政管理與屠宰環境，包括牛墟、屠宰場與販售市場的衛生與管理制度。由於日人管理得當，日治時期臺灣牛隻數量增多且品質良好，牛肉消費也逐漸穩定成長。[41]然而，誠如前文強調，改變肉類消費的食俗並不容易，雖然日本殖民政府積極鼓勵牛肉消費，但當時以農民爲主的臺灣人對於牛肉消費依舊卻步，以一九三三年爲例，臺灣「每人牛肉消費量」是一六七匁（約六二六・二五公克），日本內地的「每人牛肉消費量」是二六九匁（もんめ）（約一〇〇八・七五公克）。[42]

二次戰後國民政府軍眷帶來大江南北飲食，牛肉菜餚比例不少，在戰後初期的牛肉消費上，潮汕人帶來的「沙茶菜餚」（shacha cuisine）對牛肉消費有重要影響。潮汕人在原鄉廣東地區已經發展出「沙茶炒牛肉」與「沙茶牛肉爐」的食俗，戰後將之帶入臺灣社會。或許讀者納悶爲何「沙茶粉」與「沙茶醬」獨鍾牛肉，而非一般華人常吃的豬肉與雞肉呢？根據筆者訪談臺灣的沙茶牛肉爐店家，業者多強調：潮汕地區位於中國東南，氣候溫暖適合種植甘蔗，長久以來是中國重要的蔗糖產地，農民多飼養牛隻協助運輸甘蔗，並在糖廍中製成蔗糖。然而，從十九世紀末到二十世紀初期，隨著潮汕地區經濟轉型，蔗糖不再是潮汕地區重要的經濟商品，種植甘蔗的耕地轉爲其他工商業用途，牛隻的重要性大幅減弱，於是農民將農村中無用的牛隻變賣釋出，成爲當地人餐桌上的佳餚。無獨有偶，從南洋傳回潮汕地區的「沙茶醬」特別適合與牛肉一起烹飪，一則沙茶的香味可以抑制牛肉腥味，二來沙茶與牛肉結合，開創出多元菜餚，包括牛肉丸、炒沙茶牛肉與沙茶牛肉爐，逐漸成爲潮汕地區著名菜餚。[43]

戰後潮汕人來到臺灣，承繼「華人三把刀」的生存法則，「沙茶牛肉」食俗也傳到臺灣各地，畢竟餐館業是華人移民在異鄉謀生的重要技能之一。當戰後第一代潮汕人來臺開業時，沙茶牛肉消費者多以潮汕人與外省顧客居多，本省人士對於「沙茶飲食」較爲陌生。然而，到了一九七〇年代左右，臺灣從農業社會轉型工商社會，大量農村子弟前往城市發展，生活型態與飲食習慣已與傳統社會不同，在此情況下，許多年輕人對於食用牛肉並無禁忌，牛肉消費逐漸普及，本省籍顧客也逐漸接受沙茶牛肉菜餚。

回到「沙茶菜餚」本身，來臺潮汕人最初多販售「沙茶炒牛肉」，但有些消費者不敢吃牛肉，因此「沙茶炒豬肉」也因應而生。創業之初，潮汕人資本有限，店家規模簡易，待累積一定資本後，餐館規模漸大，顧客人數增多，大夥們的消費改以「汕頭牛肉爐」爲主，圍成圓桌一起「吃爐」（吃火鍋）。早期「吃爐」以火炭烹煮，之後改成瓦斯爐，近來出現電子爐，相較於「沙茶炒牛肉」的簡易方式（通常以個人爲主，吃飽就走），「沙茶牛肉爐」的消費型態趨向多元，圓桌用餐方式適合工商團體聚會聯誼，品饌上也可增加肉類食材和魚丸、魚餃與青菜等各式配料。更重要的是，透過圓桌食客的慫恿與鼓勵，原本對牛肉不熟悉的消費者也開始嘗試吃牛肉，因此「沙茶牛肉爐」在推動牛肉消費上扮演關鍵角色。

在筆者的田野訪談中，許多業者均提到「沙茶牛肉爐」是最典型的沙茶飲食，店家會準備扁魚爲底的高湯，搭配一片片新鮮的溫體牛肉，顧客放入鍋中涮燙一下，再沾上道地的沙茶醬，這便是牛肉爐的吃法。雖然「沙茶火鍋」以「牛肉」爲大宗，不過，仍有顧客基於信仰等因素忌食牛肉，店家也會提供「沙茶豬肉爐」，畢竟華人食用豬肉的歷史悠久，烹飪方式多元，煎炒、滷製、油炸與蒸食皆可，當然也能以「沙茶」調味。此外，「沙茶炒羊肉」也受到不少老饕的喜愛。

關於戰後臺灣肉類消費習慣的變遷，一九七六年的《高雄縣志稿》記載如下：「獸肉則以豬肉爲最，一般居民，每日皆食用之。昔日羊肉，僅作補品，相傳冬至必食，謂之『補冬』。牛肉舊爲人所忌食，以牛可耕田，乃不忍其慘死也。但光復之後，大陸北方習俗，傳至本縣，牛羊肉類，已躋上品；普通小吃，尤多食用；物稀價昂，自所必然，已駕豬肉而上之矣。」[44] 臺灣的肉類消費以豬肉最普及，牛肉在戰後逐漸普遍，羊肉氣味特殊，消費比例不若豬肉和牛肉，又羊肉性熱，坊間多用於冬令進補，最受歡迎的形式是以當歸、枸杞與黃耆等中藥烹調的「羊肉爐」，既美味又暖身。[45] 說到冬令進補，一九五〇年代開始，隨著廣東籍新移民來臺，臺灣各地食用「狗肉」的風氣盛行，添加中藥的香肉火鍋是許多老饕的最愛。不過，一九九〇年代以後，隨著「動物保護法」的通過以及社會觀感不佳等問題，狗肉消費明顯減少，民眾多以「羊肉爐」取代狗肉作爲冬季滋補的選擇。[46]

讓我們再回到「沙茶牛肉爐」本身，這道佳餚看似簡單，其實包含沙茶醬、牛肉、高湯和火鍋配料等食材。各家業者調製「沙茶醬」的方式不同，但均講究味道香醇濃郁；牛肉角色也相當重要，一般家庭烹飪比例不多，多在餐館出現，因此牛肉也是沙茶爐一大賣點；牛肉爐的「高湯」製法特殊，以豬骨、雞骨、扁魚、洋蔥和番茄等食材長時間熬煮，滋味甘甜；至於「火鍋配料」包括蔬菜、菇類、魚漿、蝦丸等食材。相較其他餐飲消費型態，沙茶牛肉爐特殊之處在於「時間」較久。首先，「吃爐」意味著不同於日常生活的飲食型態，多是呼朋引伴的聚餐形式。其次，店家備好高湯與基本食材，再由顧客們自行烹煮，也可任意增添肉類與其他食材。換言之，在享用牛肉爐的過程中，顧客方也扮演主動烹飪與調味的角色。以吳元勝家族的廣東汕頭「元香」沙茶火鍋爲例，吃「牛肉爐」的流程大約是：店家調製以老母雞和扁魚片熬煮的高湯，再添加些許豬油提味，依序將蔥、豆腐、番茄與高麗菜放入湯內，然後涮肉片，並依個人喜好添加其他食材。沾料以沙茶醬爲主，並可加入醬油、醋、香油、辣椒、蒜頭、蔥與香菜等。

沙茶牛肉爐之所以受到歡迎，除了濃郁沙茶醬、新鮮牛肉與美味高湯外，另一項關鍵因素是火鍋配料。初始「牛肉爐」的桌邊配料以水產魚類加工品爲主，原因是潮汕濱海，當地人擅長將水產加工製成「漿類」、「餃類」與「丸類」，一來方便保存，二來圓形（象徵團圓）增添餐桌喜氣，這些食品包括魚餃、魚丸、魚板、魚冊、蝦丸與花枝丸等，其中「魚餃」相當特殊，是因應中國北方水餃文化出現的餃類食物。戰後初期上述加工品原多屬小規模生產，到了一九七〇年代左右，由於火鍋市場成熟以及冷凍器具普及，以製作冷凍加工品著名的「桂冠食品公司」擴大生產規模，不僅量產魚餃，也研發各式冷凍火鍋配料（例如蛋餃與燕餃）。[47]除了上述水產加工品外，火鍋業者也積極開發周邊食材，強調自家生產或使用臺灣在地優良食材，包括大甲與甲仙的芋頭、自製豆皮、新鮮菇類、養生黑木耳、有機南瓜、澎湖花枝漿、干貝漿以及各式有機蔬菜等，提供多元的消費選擇。

另一方面，沙茶牛肉爐雖以涮牛肉片爲主，但考量有些顧客講求快速供餐，因此店家也結合潮汕人熟悉的沙茶熱炒菜餚，包括「沙茶牛肉」、「沙茶豬肉」、「豬肉燴飯」與「蔥爆豬肉」等。隨著時間演進，以牛肉爲主的熱炒菜餚趨向多元，以高雄的「天天沙茶火鍋」爲例，他們提供「沙茶牛肉」、「蔥爆牛肉」、「麻油牛肉」、「牛肉燴飯」與「麻油牛筋牛肉」等。

整體而言，戰後「沙茶牛肉爐」的出現確實帶來嶄新且多元的飲食型態，牛肉配上沙茶醬的消費型態改變了傳統臺灣不吃牛肉的食俗；沙茶熱炒菜餚也刺激了牛肉消費；火鍋周邊的水產魚類加工品增添「吃爐」的樂趣；「牛肉爐」的圍爐形式不僅適合家族聚會，同時也受到工商團體的喜愛，適合喝酒助興與聯繫情誼。

1 李禮屯，〈沙茶醬〉，《聯合報》一九七七年六月十五日，九版。

2 吳振豪是潮汕移民，祖父吳元勝（一九一二－一九八二）生於廣東潮陽，戰後在臺北西門町開設「清香沙茶火鍋」，其子吳藩俠（一九三三－二〇〇〇）在峨嵋街開設「元香沙茶火鍋」，後遷移至信義路，現由第三代吳振豪經營。關於吳家的創業經過，將在本書第三章詳細介紹。

3 臺北潮州同鄉會，《潮州文獻》一卷二期，一九七五年（臺北市：潮州文獻社），頁三一。

4 劉憲，〈報導消費情況擴大消費對象沙茶火鍋經濟實惠別有風味〉，《經濟日報》一九六九年一月十七日，六版。

5 不著撰人，〈主婦們談市場物價〉，《經濟日報》一九六八年十月二十二日，六版。

6 不著撰人，〈金蘭沙茶醬風味獨特品質極佳值得信賴〉，《自立晚報》一九八一年二月十二日，八版。

7 不著撰人，〈亞伯豬王牌沙茶醬包裝精美價格平實〉，《自立晚報》一九八七年六月四日，七版。

8 馬均權（一九二一－一九八一）曾任《聯合報》、《中央日報》和《中視周刊》專欄作家，亦擔任節目製作人和主持人，著有《馬均權經典食譜八百種》。馬均權，〈點心世界忌士小餅咖啡戚風蛋糕〉，《聯合報》一九七六年一月十一日，六版；〈點心世界百香果雪泥核桃冰淇淋作法〉，《聯合報》一九七六年七月十一日，六版。

9 應鎮國，〈新春食譜慧心妙手紙上郇廚臘八粥〉，《聯合報》一九六七年一月十四日，十三版；黃靖雅，〈人的故事傅培梅螢幕熄火餘香繞〉，《聯合晚報》一九九一年六月八日，十五版。關於傅培梅的最新學術研究，參閱 Michelle T. King, "The Julia Child of Chinese Cooking, or the Fu Pei-mei of French Food?: Comparative Contexts of Female Culinary Celebrity," in *Gastronomica* 18.1 (February 2018): 15-26.

10 傅培梅，《咖哩與沙茶醬：培梅速簡集一》（臺北：韜略出版，一九九八年）。

11 訪談「赤牛牌」沙茶醬創辦人杜象的媳婦吳錦足女士，二〇一五年十二月十日。

12 同上。

13 陶姑媽出生於一九二三年，本名陶宗生，藝名「陶述」，觀眾多暱稱她爲「陶姑媽」，臺視著名演員，代表作有《星星知我心》等。參閱〈卅年悲歡話陶述〉，《經濟日報》一九六八年三月二日，六版；〈我的戲劇生活〉（連載），《經濟日報》一九六八年三月三日至十二日，六版。矮仔財（一九一六－一九九二）本名鐘福財，藝名張福財，一九五六年開始演出臺語電影，身材瘦小的他常與壯碩的玲玲一同搭配演喜劇。玲玲（一九三五－一九九○）本名郭淑英，臺語片的喜感演員，因身材壯碩，觀眾都以臺語暱稱她爲「大胖玲玲」。資料來源：林太歲撰，矮仔財，臺灣大百科全書，二○一五年十一月二十七日下載，http://nrch.culture.tw/twpedia.aspx?id=19504。

14 訪談「牛頭牌」創辦人劉來欽長女劉貞秀董事長，二○一六年十二月八日。劉明祥，〈沙茶醬之父：劉來欽傳奇〉，林金悔主編，《鹽分地帶文化三》（臺南縣：漚汪人薪傳文化基金會，二○○三年），頁六－十五。

15 二次戰後初期，國民黨任命潮汕人士（特別是來自揭陽者居多）接收臺灣糖廠。關於糖廠接收情況請參見吳聰敏、何鳳嬌之研究。吳聰敏，〈一九四五－一九四九年國民政府對臺灣的經濟政策〉，《經濟論文叢刊》，二五輯四期（一九九七年十二月），頁五三三。何鳳嬌，〈第四章　製糖會社土地的接收與處理〉《戰後初期臺灣土地的接收與處理（一九四五－一九五二）》，（臺北：國立政治大學史學研究所博士論文，二○○二年），頁一六七－一七八。

16 劉百忠，〈臺灣光復接管臺糖先驅　張季熙一生奉獻糖業〉，《廣東文獻》三二卷二期（二○○四年四月），頁十二－二十；《臺糖三十年發展史》（臺北市：臺灣糖業公司，一九七六年），頁二四、二八－二九；張果爲，《浮生的經歷與見證》（臺北市：傳記文學雜誌社，一九八○年），頁十三－十四；劉廣定，〈上海出版《科學月刊》中的學會史料：旅法「中化學會」與「中國生物科學學會」〉，《中華科技史學會學刊》十四期（二○一○年七月），頁三一。

17 日治時期臺灣總督府致力發展臺灣糖業，成立多家糖廠，例如「明治製糖」、「日糖興業」、「鹽水港製糖」與「臺灣製糖」等。「車路墘製糖廠」隸屬臺灣製糖株式會社，一九○九年十月，臺灣製糖株式會社開始進行「車路墘」工廠建設的規劃，一九一○年十一月完工後開始生產。二次戰後國民政府接收該糖廠，歷經多次名稱改變，一九六九年八月改名爲「仁德糖廠」，二〇〇三年七月閉廠，製糖業務歸併至「善化糖廠」。參閱臺灣糖業公司編，《臺糖四十年》（臺南市：臺灣糖業股份有限公司，一九八七年），頁六九七－六九八；周俊霖、許永河，《南瀛糖業誌》（臺南縣新營市：臺南縣政府，二〇〇九年），頁二三四－二三六。

18中國廣播公司創立於一九三二年，是國民黨的中央宣傳機構，隨著國民黨撤退來臺，中廣也在臺灣復臺，現在仍是臺灣最大的廣播事業之一。吳道一，《中廣四十年》，（臺北：中國廣播公司，一九六八年）。臺南市議政史料館，臺南市歷屆議員名錄，二〇二〇年九月二十二日檢索 http://www.tnchistory.com.tw/portfolio/portfolio_old.html。國家電影及視聽文化中心，開放博物館，《黃帝子孫》演職員合照，二〇二〇年九月二十二日檢索，https://tfi.openmuseum.tw/muse/digi_object/74b388a3cf53c842a91697dbd736441b。

19口訪「牛頭牌」創辦人劉來欽長女劉貞秀董事長，二〇一六年十二月八日。劉明祥，〈沙茶醬之父：劉來欽傳奇〉，林金悔主編，《鹽分地帶文化三》（臺南縣：漚汪人薪傳文化基金會，二〇〇三年），頁六－十五。

20不著撰人，〈主婦們談市場物價〉，《經濟日報》一九六八年十月二十二日，六版。

21本報訊，〈比一比這家最便宜〉，《經濟日報》一九六九年七月十五日，七版。

22臺南訊，〈南華工業社　製銷沙茶醬〉，《經濟日報》一九六九年九月十六日，六版。

23范慶雯（文），霍鵬程（圖），〈四人行〉，《聯合報》一九七二年六月十日，九版，聯合副刊。

24本報訊，〈牛頭牌沙茶醬　增鐵皮罐裝置〉，《經濟日報》一九七四年十月十七日，十一版。

25本報訊，〈牛頭牌沙茶醬　採易開罐包裝〉，《經濟日報》一九八五年四月十二日，十版。

26臺南訊，〈好帝一食品通過GMP認證〉，《經濟日報》一九九七年四月二十三日，二十四版。

27陸俊賢，〈配方獨到樹立起良好口碑　牛頭牌儼然沙茶醬代名詞〉，《經濟日報》一九九一年一月二十三日，二十一版。

28本報訊，〈沙茶醬沙茶粉　牛頭牌中盤貶〉，《經濟日報》一九八一年九月三十日，十版。本報訊，〈金蘭醬油　批價下降〉，《經濟日報》一九八二年七月二十六日，十版。本報訊，〈散瓣蒜頭盤價上升〉，《經濟日報》一九八二年十二月十四日，十版。本報訊，〈六廠牌沙茶醬　中盤價格齊降　牛頭牌沙茶醬獨守原價〉，《經濟日報》一九八三年三月八日，十版。本報訊，〈沙茶醬「牛輩」當道 但搶搭「牛」車並沒有都到好處〉，《經濟日報》一九八七年六月二十一日，十版。

29臺北訊，〈涉嫌僞造沙茶醬　林火炎被捕　林金典在逃〉，《聯合報》一九八一年四月十四日，七版。

30本報訊，〈販賣仿冒牛頭牌沙茶醬　兩家雜貨商被公訴〉，《經濟日報》一九八六年四月六日，十版。

31高孔嘉，〈牛頭牌沙茶醬改頭換面遏阻仿冒〉，《經濟日報》一九九二年十二月五日，七版。

32莊玉隆，〈牛頭牌素食沙茶醬　孫翠鳳代言〉，《經濟日報》二〇〇三年八月二十一日，十四版。劉大絹，〈中秋烤季到　素食調味醬搶上市〉，《民生報》二〇〇三年八月二十七日，A六版。

33李炎奇，〈食品三合一展　今美味登場〉，《經濟日報》二〇〇九年六月二十三日，F一版，食品周專刊。

34明治時期著名的旅日德國學者，路德維希．里斯（Ludwig Riess，一八六一－一九二八）在《臺灣島史》（Geschichte der Insel Formosa）書中提到臺灣無牛馬，因此東印度公司借款給克拉維爾（Daniel Gravius，一六一六－一六八一）牧師，使其購買牛隻交給蕭壠社（今臺南佳里）的住民豢養，供耕作之用。參閱里斯著，吉國藤吉譯，《臺灣島史》（東京：冨山房，一八九八年），頁九一；邱淵惠，《臺灣牛：影像、歷史、生活》（臺北：遠流出版社，一九九七年），頁三二。

35邱淵惠，《臺灣牛：影像、歷史、生活》（臺北：遠流出版社，一九九七年），頁三二－三三。

36原田信男，《歴史のなかの米と肉：食物と天皇・差別》（東京：平凡社，二〇〇五年），頁二二、八一－八二。

37佐倉孫三，《臺風雜記》（臺北：臺灣大通書局，一九八七年），頁五三－五四；侯巧蕙，〈臺灣日治時期漢人飲食文化之變遷：以在地書寫爲探討核心〉（臺北：國立臺灣師範大學臺灣語文學系碩士論文，二〇一二年），頁四四－四五。

38東方孝義，《臺灣習俗》（臺北：南天書局，一九九七年），頁十九－二〇。

39三道牛肉料理爲「牛肉絲」、「牛肉餅」和「牛肉扒」，價格皆爲四十錢。不著撰人，〈支那料理の名稱及定價〉，

《臺灣慣習記事》五卷五期（一九〇五年五月），頁六三－六八。

40曾品滄，〈日式料理在臺灣：鋤燒（スキヤキ）與臺灣智識階層的社群生活，一八九五－一九六〇年代〉，《臺灣史研究》二二卷四期（二〇一五年十二月），頁一－三四。

41參閱孫寅瑞，〈牛肉成爲臺灣漢人副食品的歷史觀察〉（桃園：國立中央大學歷史研究所碩士論文，二〇〇一年），頁六七－一一五。

42臺灣畜產會，〈臺灣の畜產概況　第一章第二節 牛〉，《臺灣之畜產》三卷十期（一九三五年十月），頁十四。

43訪談「元香沙茶火鍋」業主吳振豪先生，二〇一五年十二月二十二日。

44高雄縣文獻委員會，《高雄縣志稿．人民志》（高雄縣：高雄縣文獻委員會，一九六七年），頁一三五。

45有關臺灣的羊肉消費，請參閱張素玢，〈地方美食與臺灣肉品市場的供需關係：溪湖羊肉爐〉，《師大臺灣史學報》五期（二〇一二年十二月），頁四一－七〇；蘇恆安，〈跨界「混融」：岡山羊肉飲食文化的建構與再現〉，《中國飲食文化》九卷一期（二〇一三年四月），頁一九五－二三八。

46皮國立，〈「食補」到「禁食」：從報刊看戰後臺灣的香肉文化史（一九四九－二〇〇一）〉，《中國飲食文化》十六卷一期（二〇二〇年四月），頁五五－一一四。

47不著撰人，〈桂冠魚餃製法特殊〉，《民生報》一九七九年一月七日，八版。

Chapter 2

戰後臺灣的潮汕移民

二次戰後潮汕人隨著國民政府遷臺，面對新的生活環境，潮汕人士多選擇原本較熟悉的行業，包括中藥材、「沙茶菜餚」與進出口貿易。本章討論戰後臺灣潮汕移民的特殊性，聚焦於高雄、臺南與臺北三個城市，透過其事業發展瞭解「沙茶菜餚」與潮汕移民之間的緊密關係。

一、戰後高雄的潮汕移民：以「哈瑪星」與鹽埕區為中心

根據《高雄港都首部曲：哈瑪星》，戰後從廣東潮汕地區遷徙到高雄的移民組成包括：接收日產糖廠的專家、在臺灣與中國之間從事貿易的潮汕人，以及跟隨胡璉軍團撤退到高雄的軍人，這些潮汕人多聚集在「哈瑪星」與鹽埕區一帶。[1] 潮汕人之所以選擇「哈瑪星」與鹽埕區定居，主要是這兩個地方在日治時期已經開發，商業貿易繁榮。就「哈瑪星」而言，這個地名源自日語「濱線」（Hama sen），日治時期的行政區域包括湊町、新濱町與壽町，日人在此建立「高雄市役所」、「打狗郵便局」、「打狗信用合作社」、「打狗驛」以及「高雄婦人愛國會館」等重要機構。[2] 爾後日人在高雄築港，商業重心往鹽埕區發展，行政區域包括北野町、鹽埕町、幅江町、入船町與榮町等，陸續建立「銀座商場」（戰後稱為「國

際商場」）、吉井百貨（俗稱「五層樓仔」）以及多家戲院，一九三九年再將「高雄市役所」從「哈瑪星」遷往鹽埕區愛河旁，也就是「高雄市歷史博物館」的所在地。

日本殖民政府在「哈瑪星」與鹽埕兩區奠定商業基礎，戰後來到高雄的潮汕人也以這兩個地方作爲棲身之處。相較於戰後其他外省族群，潮汕人在適應方面相當迅速，一方面是語言溝通上較無隔閡，因爲潮州話亦屬閩南語系統，方便與本省籍商人進行貿易。[3]其次是高雄的自然與地理環境與潮汕地區相似，均有港口並屬熱帶氣候。旅居高雄的潮汕人來自不同地區（包括潮安、饒平、揭陽、潮陽、南澳、澄海、普寧、汕頭、大埔與豐順等地），主要從事中藥材買賣、飲食

高雄市哈瑪星的「代天宮」｜曾齡儀拍攝

業與進出口行業等，爲了聯絡鄉親情誼並凝聚共識，在高雄成立同鄉會的聲音逐漸出現。初始潮汕人經常聚集在鄭東明（來自廣東饒平）經營的中藥店「延壽堂」（位於哈瑪星濱海二街），[4]後來有人倡議應成立「潮汕同鄉會」，一開始取名爲「高雄市廣東同鄉會」，並由潮汕人擔任第一屆會長，後來考量「廣東」的地理範圍過於廣泛，且粵語系與潮語系在語言與文化上有所差異，因此潮汕人於一九五六年決定另組「高雄市潮汕同鄉會」。[5]「潮汕同鄉會」設立於「哈瑪星」，是戰後大高雄地區最重要的潮汕社團組織，爾後潮汕人一方面透過同鄉會聯繫情感，另一方面在商業上彼此合作，形成緊密的社會與商

位於哈瑪星的「高雄市潮汕同鄉會」｜曾齡儀拍攝

業網絡。[6]

來臺的潮汕人胼手胝足，逐漸在大高雄地區站穩腳步，以一九六五年出版的《會訊》資料爲例，當時「高雄市潮汕同鄉會」的登記會員共五百七十八名。就營業種類來說，經營「中藥業」的商號數量居冠，數量多達二十五家，包括位於濱海二街的「延壽堂」、瀨南街的「廣仁堂」以及哨船頭一帶的「松竹園藥房」等著名中藥行。其次就是「餐飲食品業」，包括第一章提到廣東澄海人杜象，他創立的「順合興冬菜廠」甚爲著名，該公司生產的「赤牛牌」沙茶醬銷售全臺，目前仍持續營業（公司名稱已改爲「勝益興」）。此外，潮汕人也經營菸酒罐頭、雜貨業與糕餅業，例如

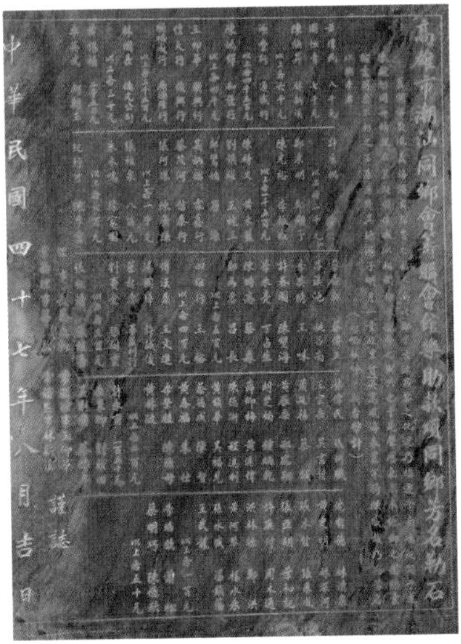

一九五八年「高雄市潮汕同鄉會」籌購會館芳名錄石碑｜曾齡儀拍攝

著名的「舊振南餅舖」、「廣南餅舖」、「豐盛餅舖」與「潮豐餅店」。至於餐飲業多經營「沙茶菜餚」餐館，包括朱木鳴開設的「可香飯店」（哈瑪星代天宮前）、吳福見的「粵汕飯店」（哈瑪星代天宮前）、張桂泉的「汕頭沙茶牛肉店」（中山橫路）、鄭鸞嬌開設的「天天沙茶牛肉店」（目前仍在開業且菜餚味道有口皆碑）、陳淑記經營的「陳淑記牛肉店」（瀨南街）、朱固明經營的「廣東汕頭沙茶牛肉店」（新樂街）、李奕端經營的「汕頭沙茶牛肉店」（中山一路）、李悅道開設的「一品春牛肉店」（南台路）、夏藩芝經營的「汕頭牛肉店」（五福四路）、張志成開設的「汕頭沙茶牛肉店」（光復街）、麥鏡青經營的「汕頭沙茶牛肉店」（市中二路）以及楊水來開設的「味味香食堂」（富野路）。[7]

一九六七年「高雄市潮汕同鄉會」新廈奠基碑文｜曾齡儀拍攝

就潮汕人經營的餐飲店鋪來說，不少店家的商號均冠上廣東或汕頭的字眼，其中尤以販售「沙茶菜餚」的店家爲最，例如上文就有多家「廣東汕頭沙茶牛肉店」與「汕頭沙茶牛肉店」，由於當時尚未有明確的商標註冊法，因此店家商號多有雷同之處。至於販售沙茶牛肉菜餚的店家爲何要取名爲「廣東汕頭」或是「汕頭」，主要是彰顯地方認同，並強調沙茶菜餚的美味。商號冠有「汕頭」之飲食業主不全然來自汕頭，有的來自鄰近縣市，但因汕頭是潮汕地區最大城市，也是潮人進出海外的必經之港，因此飲食店以「汕頭」爲名者最多。

其次，就沙茶菜餚店家的區域分佈，主要集中在三個地方，首先是哈瑪星代天宮附近，當地在日本時代是「高雄市役所」，戰後由居住在哈瑪星的臺南北門居民籌資興建「代天宮」；

「高雄市潮汕同鄉會」懸掛的張蘭臣先生遺像｜曾齡儀拍攝

其次是鹽埕區，包括著名的瀨南街、新樂街以及五福四路上都有沙茶牛肉店家；第三是前金區與新興區，主要在大港埔圓環一帶。值得強調的是，不少店家都由後人接手經營至今，包括「可香飯店」、「天天沙茶牛肉店」以及「味味香食堂」，讓潮汕的好滋味繼續流傳在港都高雄。

「高雄市潮汕同鄉會」的「蘭臣堂」，紀念泰國華僑張蘭臣｜曾齡儀拍攝

「高雄市潮汕同鄉會」館內的「潮州公祠」｜曾齡儀拍攝

一九六五年由潮汕同鄉經營的中西藥店家

商家名稱	經營業務	營業地址	負責人
第一藥局	中藥西藥	大仁路八九號	林愈炎
長春堂	中藥西藥	濱海二路四號	王槐三
延壽堂	中藥	濱海二街八號之二	鄭東明
永生堂	中藥	建國四路一四〇號	胡楚楠
同壽堂	中藥	前鎮區前鎮街七四號	傅哲邦
廣安堂診所	中藥	自強三路三二號	李振威
國源堂診所	中藥	中山一路二一一號	許誠俊
徐家園藥局	中藥	林森一路一一七號	徐海川
卓家濟藥房	中藥	鼓山區山下巷二號	卓英武
雨蘇藥局	中藥	南華路一七四號	洪之政
保盛藥房	中藥	前金二街二七號	劉鎮權

商家名稱	經營業務	營業地址	負責人
天和堂	中藥	內惟街八號	陳步雲
濟生藥房	中藥	鼓山三路三七號	李木亮
廣仁堂	中藥	瀨南街二四四號	吳楚材
廣生藥房	中藥	鼓山區延平街六四號之一	薛仰梅
成昌利藥行	中藥	大同一路四三號	湯國璋
徐家園分局	中藥	大同二路	蔡茂李
泰安堂	中藥	鼎金中街二九號	鄧集祥
廣德堂藥房	中藥	三民區新大港十全五巷二一號	張漢禎
延齡堂	中藥	左營大街二六〇號	林介泉
新安診所	中藥	建國四路二七號	李奕琇
光德藥房	中藥	瀨南街四巷一〇號	張松清
松竹園藥房	中藥	哨船頭里二巷二號	鍾炳乾
勝泰藥局	中藥	南台路二八之一號	許木欺

商家名稱	經營業務	營業地址	負責人
義成藥行	中藥	建國四路二三五號	陳雙海
光裕藥行	中藥	五福四路三一九號	謝禮波
信昇藥行	中藥	臨海一路五九號	黃速偉
興聖藥房	西藥	市中二路一一五號	張興聖
中韓製藥廠	製藥	鼓山一路六三號	陳煥昇

表1：高雄市潮汕同鄉中西藥業者（一九六五年）。資料來源：《會訊》第四期（高雄市：高雄市潮汕同鄉會，一九六五年），頁二九六－二九九，曾齡儀編輯製表。

一九六五年由潮汕同鄉經營的餐飲店家

商家名稱	營業地址	負責人
可香飯店	鼓山區代天宮前	朱木鳴
粵汕飯店	鼓山區代天宮前	吳福見
汕頭沙茶牛肉店	中山橫路九號	張桂泉

商家名稱	營業地址	負責人
天天沙茶牛肉店	大溝頂	鄭鸞嬌
陳淑記牛肉店	瀨南街二三九號	陳淑記
廣東汕頭沙茶牛肉店	新樂街	朱固明
汕頭沙茶牛肉店	中山一路一二八號	李奕端
一品春牛肉店	南台路一一三號	李悅道
汕頭牛肉店	五福四路一六九號	夏藩芝
汕頭沙茶牛肉店	光復街	張志成
汕頭沙茶牛肉店	市中二路	麥鏡青
味味香食堂	富野街五四號	楊水來
桂香號	瀨南街四巷七號	張桂香
榮桂商店	新興區星光里一鄰一三四號之六	李榮桂

表2：高雄潮汕同鄉餐飲業者（一九六五年）。資料來源：《會訊》第四期（高雄市：高雄市潮汕同鄉會，一九六五年），頁二〇一－二〇二，曾齡儀編輯製表。

二、府城飄香：戰後臺南的潮汕移民

二次戰後潮汕人來臺定居，南部地區以高雄與臺南爲大宗。戰後初期臺南的「三山國王廟」（當時地址爲立人路三三二號）是潮汕同鄉聚集的大本營，該廟宇歷史悠久，興建於清雍乾時期，由當時臺灣知縣楊允璽和臺灣鎮左營遊擊林夢熊等潮籍官商集資興建，奉祀潮州揭陽縣內的「三山之神」作爲旅臺潮人的精神寄託，爾後又在廟旁增建「韓文公祠」。這間古樸的廟宇數百年來幸運地躲過戰火，相當程度保留了完整的潮州風格，也成爲臺南潮汕移民彼此照應

臺南「三山國王廟」正面｜曾齡儀拍攝

與聯繫的重要場所。[8]

來到臺南的潮汕人士為了凝聚向心力，於一九四七年五月成立了「臺南潮汕同鄉會」，成為戰後最早的潮汕同鄉組織，會址就設在「三山國王廟」，首任會長是張金振，當時核准立案的臺南市長是卓高瑄。經過了二十多年，潮汕同鄉在臺南發展順遂，經濟狀況大幅改善，到了一九七一年，第十一屆理事長陳邦憲任內在南門路購買新館，於是「潮汕同鄉會」便從三山國王廟搬遷至南門路。到了一九八九年，曾有財團想收購南門路的同鄉會館，將其改建為大樓謀利，由於當時同鄉會尚欠屋主五萬元尾款，後由著名的「小豪洲沙茶爐」

臺南「三山國王廟」迴廊｜曾齡儀拍攝

臺南「三山國王廟」內殿｜曾齡儀拍攝

老闆陳木盛捐出這筆錢，幫助同鄉會取得權狀後再將會館售出，並搬遷至金華路現址。[9]「臺南潮汕同鄉會」對於同鄉的身後事也多所照顧，有幾位同鄉包括黃輝遠、「牛頭牌」創辦人劉來欽以及「鮀江沙茶爐」的黃明等人倡議興建墓園，一九七九年於臺南新化興建了「潮汕山莊」墓園，占地約五千坪，並成立管理委員會統籌管理。其中，擔任管委會副主委的翁振清來自廣東朝陽，他於一九四八年來臺，一九五四年起在嘉義市經營「沙茶豬牛肉火鍋」餐館，晚年回到臺南定居並協助管理「潮汕山莊」。[10]

不少在臺南定居的潮汕人以經營家鄉

位於金華路的「臺南市潮汕同鄉會」
｜曾齡儀拍攝

「鮀江」沙茶專家

著名的「沙茶菜餔」謀生，包括製作沙茶醬（例如劉來欽的「牛頭牌沙茶」），販賣沙茶麵和沙茶炒牛肉，或者經營沙茶牛肉爐。若以許長泉先生提供的「臺南市潮汕同鄉會」《會訊》創刊號（一九七一年十月十日）爲例，[11] 裡面刊登多則潮汕人經營的餐飲店家廣告，不僅是以「沙茶菜餔」爲大宗，而且幾乎所有店家都在商號上標榜「廣東汕頭」，例如：黃明經營的「廣東汕頭『鮀江』正宗粵菜」是一棟透天四層樓高的建築物，位於小公園西門路三三七號，又被稱爲「鮀江沙茶專家」；林奕廷經營的「廣東汕頭『洋美珍』沙茶豬牛肉店」，提供著名粵菜、豬牛肉爐、雞羊肉爐、各種燒臘、各色麵點等，從東門圓環內面搬遷至復興路六八號；廣

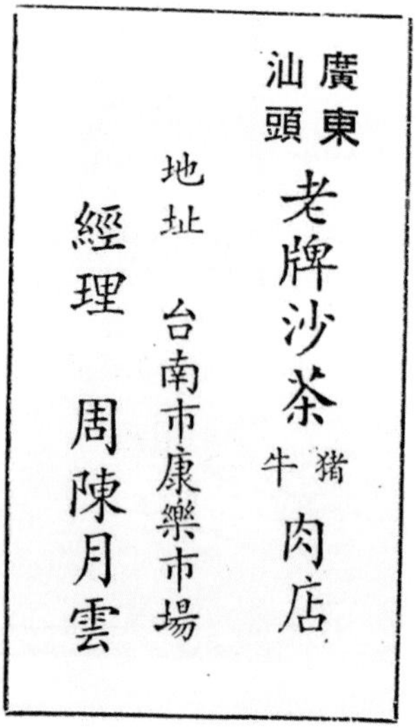

「老牌」沙茶豬牛肉店

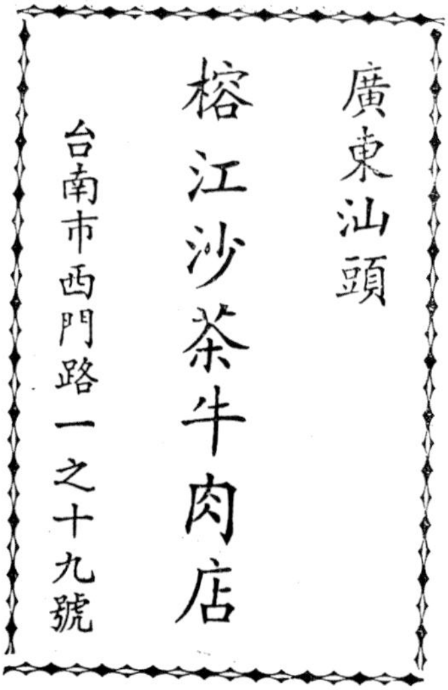

「榕江」沙茶牛肉店

東汕頭「綠園」位於永樂市場對面（永樂路十號），不僅販售「豬牛肉爐」，同時也提供「新鮮海產」、「日本料理」與「便當快餐」，營業方式多元；由吳溪松經營的「聚樂香」沙茶豬牛肉店也位於永樂路上（永樂路一八二號）；此外尚有廣東汕頭「阿進」沙茶豬牛肉店（逢甲路二九六號）、廣東汕頭「東園」（青年路三七號），以及位於康樂市場內的廣東汕頭「老牌」沙茶豬牛肉店和「廣東潮州沙茶豬牛肉店」。民族路上有廣東汕頭「萬香園」沙茶豬牛肉店（民族路二八七號）和廣東汕頭「集香」沙茶豬牛肉爐（民族路二三三號），另有廣東汕頭「南園」沙茶（建國路二〇二號）、廣東汕頭「百味香」沙茶豬牛肉爐專家（永福路一七五號）、廣東汕頭「榕江」沙茶牛肉店（西門路一之十九號）、廣東汕頭「榕園」沙茶豬牛肉爐（中正路三〇二號）。此外，劉來欽創辦的「好來一食品廠」（富強路

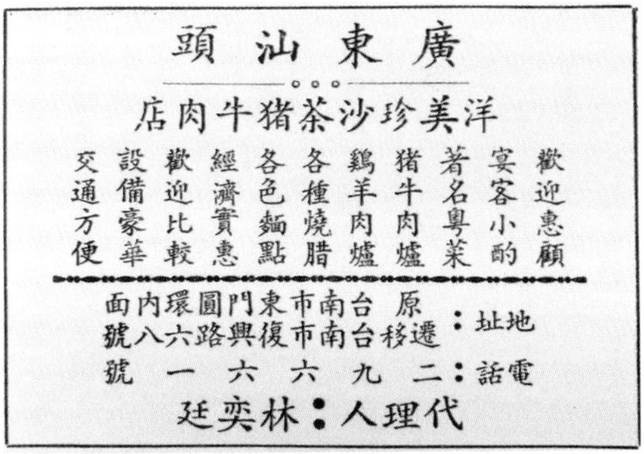

「洋美珍」沙茶豬牛肉店

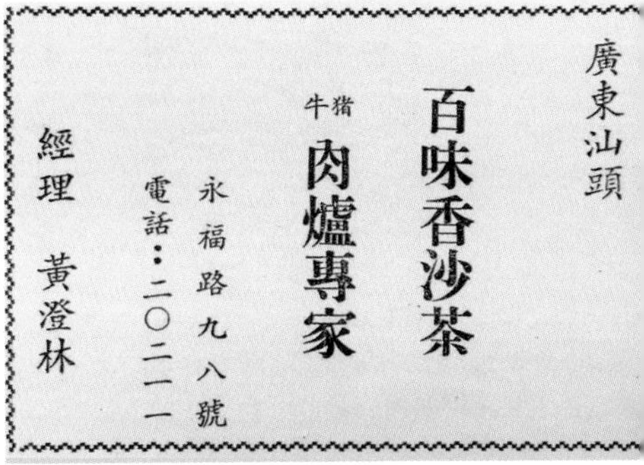

「百味香」沙茶豬牛肉爐專家

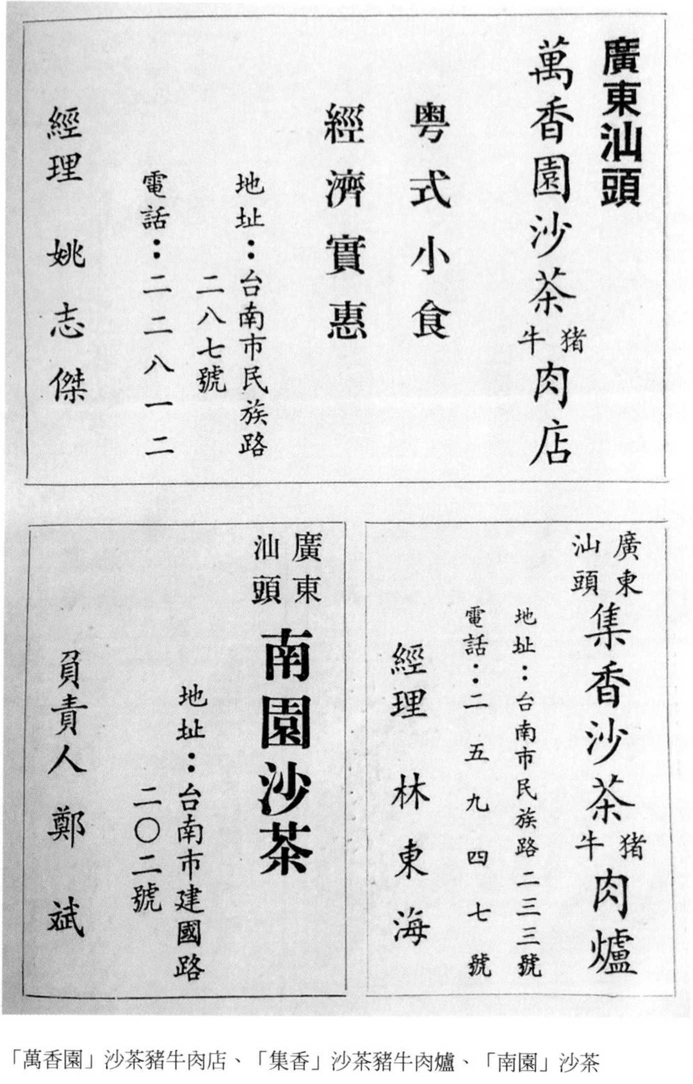

「萬香園」沙茶豬牛肉店、「集香」沙茶豬牛肉爐、「南園」沙茶

二三三巷三九號）販售沙茶粉與沙茶醬，也在《會訊》刊登廣告宣傳，強調「品質好，牌子老」。

從「臺南市潮汕同鄉會」的《會訊》內容可看出，經營沙茶菜餚的潮汕人對於同鄉會的認同甚強，首先，《會訊》內有鄉親捐贈物品的記錄，劉來欽、黃明與林奕廷等人皆大方捐贈。其次，與高雄市潮汕人相似，旅居臺南的潮汕人在其「沙茶牛肉」店家的商號會冠上「廣東汕頭」或「廣東潮州」的字樣，標榜家鄉的沙茶飲食。第三，如同前文提到，戰後潮汕人的沙茶店家雖以「沙茶牛肉」爲大宗，但考量有些消費者不吃牛肉，因此店家也會販售豬肉、羊肉甚至雞肉的沙茶爐，顯示經營方式靈活。第四，從上述店家的地理分佈來看，沙茶菜餚商號多分佈在臺南市區內，包括永樂市場、康樂市場一帶。

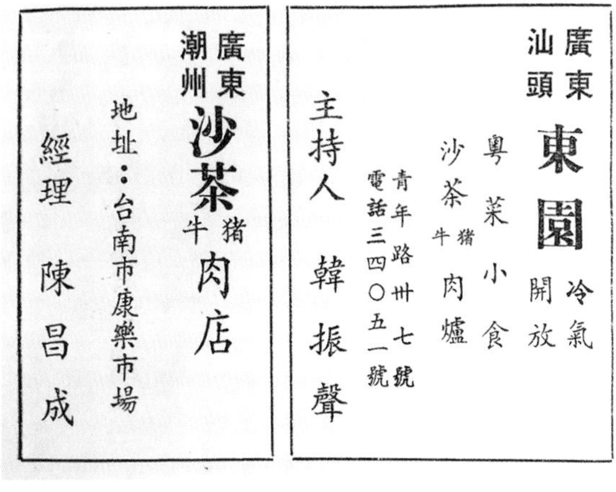

「東園」與「廣東潮州豬牛肉店」

一九七一年由臺南潮汕同鄉經營的餐飲店家

店名	業主	地址
牛頭牌沙茶廠 好來一食品廠	劉來欽	臺南市衛民街九一號 臺南市富強路二三三巷三九號
廣東汕頭「鮀江」 正宗粵菜 沙茶豬牛肉爐專家	黃明	臺南小公園西門路三三七號
廣東汕頭「洋美珍」沙茶豬牛肉店	黃明	原臺南市東門圓環內面 遷移至臺南市復興路六八號
廣東汕頭「綠園」 豬牛肉爐　新鮮海產 日本料理　便當快餐	不詳	臺南市永樂路一〇號 （永樂市場對面）
「聚樂香」沙茶豬牛肉店	吳溪松	臺南市永樂路一八二號
廣東汕頭「阿進」沙茶豬牛肉店	朱炳興	臺南市逢甲路二九六號
廣東汕頭「東園」 粵菜小食、沙茶豬牛肉爐	韓振聲	臺南市青年路三七號

店名	業主	地址
廣東潮州沙茶豬牛肉店	陳昌成	臺南市康樂市場
廣東汕頭「老牌」沙茶豬牛肉店	周陳月雲	臺南市康樂市場
華園飯店	陳少峯	臺南市永福路一七五號
廣東汕頭「萬香園」沙茶豬牛肉店	姚志傑	臺南市民族路二八七號
廣東汕頭「集香」沙茶豬牛肉爐	林東海	臺南市民族路二三三號
廣東汕頭「南園」沙茶	鄭斌	臺南市建國路二〇二號
廣東汕頭「百味香」沙茶豬牛肉爐專家	黃澄林	臺南市永福路九八號
廣東汕頭「榕江」沙茶牛肉店	不詳	臺南市西門路一之十九號
康樂經濟飯店	趙資甲	臺南市康樂街六〇號
廣東汕頭「廖吳順清粥店」	廖吳順	臺南市新南街一二六號
廣東汕頭「榕園」沙茶豬牛肉爐	林祥武	臺南市中正路三〇二

表3：臺南潮汕同鄉餐飲業者（一九七一年）。資料來源：《會訊》創刊號（臺南市：臺南市潮汕同鄉會，一九七一），許長泉先生提供，曾齡儀編輯製表。

三、泰國華僑「林國長」與戰後臺北的潮汕移民

二次戰後潮汕移民跟隨國民黨來到臺灣，除了上文提到的高雄與臺南外，臺北也是許多潮汕人謀生定居之處，臺北的「潮州同鄉會」成立於一九五一年，初期並無固定聚會場所，有鑒於此，泰國華僑林國長等人集資買地，一九六二年五月在潮州街與杭州南路口買下一棟四層樓建築，成為臺北的「潮州同鄉會」。

相較於高雄與臺南的潮州移民，臺北的潮汕人在商業發展上受益於旅泰華僑林國長甚多。林國長出生於廣東澄海，十六歲

「臺北市潮州同鄉會」｜曾齡儀拍攝

時離開家鄉到泰國創業，白手起家致富，成立「曼谷成興利金行」等事業，在泰國金融界佔有重要地位。[12] 二次戰後，林國長響應政府鼓勵的華僑投資計畫，一九五二年率先在臺北市南港興建「僑泰興」麵粉廠，並從美國引進最新麵粉製作機器，將戰後美援提供的麥子製成麵粉，作爲饅頭、餃子、麵食與甜點等的原料，最重要的是提供許多在臺潮汕人就業機會。[13] 林國長對於其事業發跡地泰國感情深厚，再加上本身是華僑，因此麵粉廠便以「僑泰興」命名，期許事業興旺。

林國長不僅創辦麵粉廠，同時還成立「泰興利出入口行」、「賓和漁業公司」、「中國紙廠」、「中興戲院」以及「中華體育館」等事業，同時也建立了戰後初期臺灣規模最

古色古香的「臺北市潮州同鄉會」｜曾齡儀拍攝

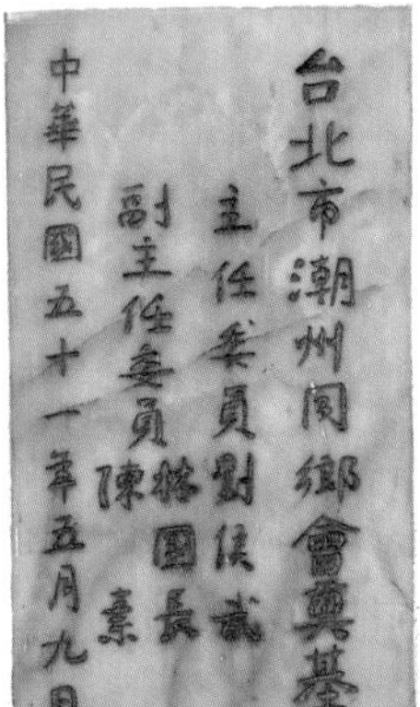

1962 年「臺北市潮州同鄉會」建物奠基碑文｜曾齡儀拍攝

大的國際觀光飯店「中泰賓館」。該飯店在一九六二年開始興建，一九六八年房間數多達三百五十間，爾後增建至九百七十四間，設施包括游泳池、網球場、夜總會、夜花園、美容院、高爾夫球場、保齡球館等，停車場可停放三百輛汽車。[14]「中泰賓館」腹地廣大且設備完善，因此早期「臺北潮州同鄉會」的重要聚會以及春節聯歡大會多選在「中泰賓館」舉行。

林國長財力雄厚，且對潮汕同鄉樂善好施，「臺北潮州同鄉會」的建築就是由興建「中泰賓館」的同一批工人幫忙建造，爲了感謝林國長的贊助，會館三樓特別命名爲「國長堂」以資紀念。除了林國長之外，「臺北潮州同鄉會」創建初期也仰賴許多潮

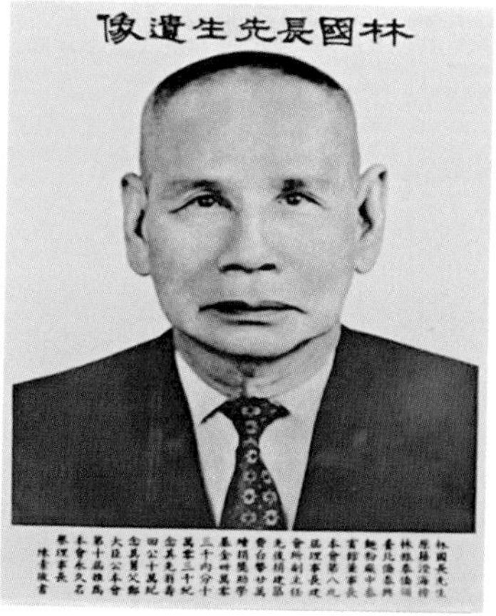

「國長堂」懸掛之林國長先生遺像｜曾齡儀拍攝

以泰國華僑林國堂先生命名的「國長堂」，于右任先生題字｜曾齡儀拍攝

州華僑協助，例如旅居泰國的張蘭臣以及旅居越南的劉光明。張蘭臣（一八九五－一九六一）原籍潮安，旅居泰國從事建築業致富，事業橫跨保險業與銀行業，長期擔任泰國中華總商會主席，是泰國的重要僑領。劉光明原籍潮安，擔任西貢盤谷銀行總經理，也擔任「臺北潮州同鄉會」榮譽理事。[15]

為了感念先人，同鄉會館四樓兩室分別取名為「蘭臣廳」與「光明室」。此外，臺北「潮州同鄉會」也肩負起大臺北地區潮汕人的聯誼與文化認同，同鄉會出版的《潮州文獻》內容豐富，介紹家鄉自然環境、山川風土、歷史掌故、專訪報導和會務介紹等，爾後改名為《臺北潮人》，繼續出刊至今。

《潮州文獻》除了刊載文獻資料外，也刊

1974 年 10 月 10 日《潮州文獻》創刊號

登許多餐館之廣告，得以窺見一九七〇年代臺北的潮汕飲食文化。例如：位於重慶南路一段七七號的「陶然飯店」標榜是「廣東汕頭」的「正宗潮州菜」，專售魚翅、紅炆鵝掌、酥炸蝦棗、魚頭暖爐、白菓芋泥、各式滷味、潮州什鹹並且供應「功夫茶」。相較於高雄與臺南的沙茶牛肉爐，臺北的潮州餐館菜餚似乎更為多樣，水產海鮮與各式菜餚兼具。位於南京東路二段的「潮園餐館」，聘請潮州名廚陳鴻主持，也提供「純潮州菜」。另外一家是位於南京西路圓環附近的「樂大利餐廳」，招牌上也標示「正宗廣東汕頭菜」，提供潮州菜與沙茶火鍋。「樂大利餐廳」附近還有一間「海珍餐廳」，招牌上也標示「汕頭」，提供「正宗潮菜」、「沙茶火鍋」與「經濟宵夜」。此外尚有「潮州

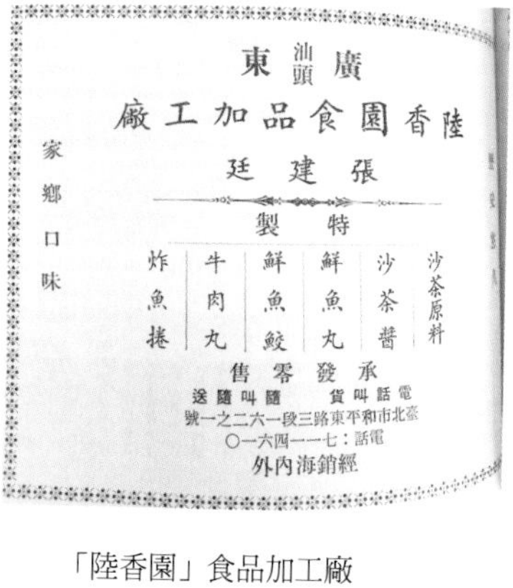

「陸香園」食品加工廠

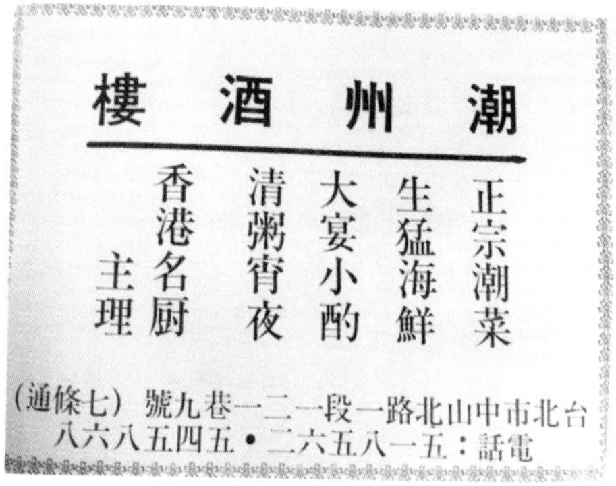

「潮州酒樓」

酒樓」（中山北路七條通）聘請香港名廚料理菜餚，提供「正宗潮菜、生猛海鮮、大宴小酌、清粥宵夜」；潮州「樂口福大酒樓」（中山北路二段一三五號）亦聘請香港名廚主理，提供「街坊小菜、潮州滷味、馳名魚翅、游水海鮮與沙茶火鍋」；粵菜館「天天餐廳」（懷寧街四六號）也聘請香港名廚來主持；位於昌吉街的廣東汕頭「廣香飯店」，標榜經濟實惠，還有位於杭州南路上的「樺谷餐廳」。[16]

相較於高雄與臺南的潮汕餐館以「沙茶牛肉爐」爲大宗，戰後臺北潮汕人經營的餐館型態似乎更加多元，值得探究。首先，幾乎每一家臺北潮汕人經營的餐館均以「廣東汕頭」標示，藉此突顯與其他外省餐館的不同，畢竟戰後在臺北的外省餐館數量衆多，標示

《潮州文獻》內的「中泰賓館」廣告

「廣東汕頭」恰可與其他「江浙菜」、「川揚菜」與「北方菜」的餐館相互區隔，也顯示潮汕人的地域認同。其次，臺北潮汕人開設的餐館名稱較多元且洋化，例如「樂大利餐廳」以及「樂口福大酒樓」等，頗有香港餐館的風味，也可能因應當時臺北消費者國際化的需求。第三，許多潮汕餐館均聘請「香港名廚」坐鎮，且標示「正宗潮菜」，顯示餐館的專業化經營。第四，就潮汕菜餚方面，臺北潮汕餐館的菜餚種類相對多樣，包括魚翅、游水海鮮與各式滷味等，當然也販售「沙茶火鍋」，顯然「沙茶菜餚」已成爲潮汕人共同的飲食文化。第五，就經營方式而言，不少臺北的潮汕餐館標示「經濟宵夜」，意味著工商業活動較爲活絡，宵夜提供許多商業人士進一步聯誼聚餐。

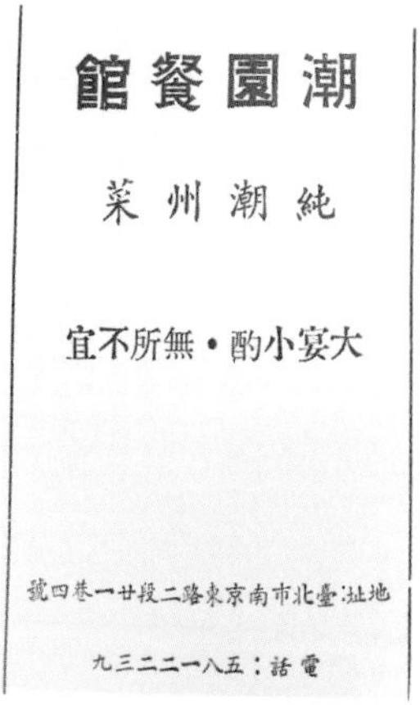

潮園餐館
純潮州菜
大宴小酌・無所不宜
地址:臺北市南京東路二段廿一巷四號
電話:五八一二二三九

「潮園餐館」

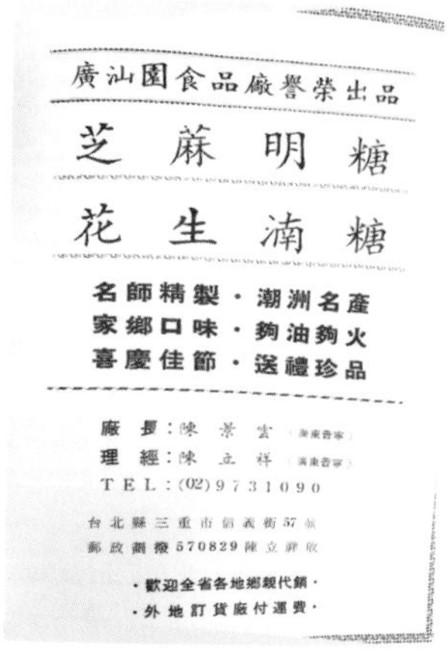

廣汕園食品廠譽榮出品
芝蔴明糖
花生湳糖
名師精製・潮洲名產
家鄉口味・夠油夠火
喜慶佳節・送禮珍品
廠長:陳景雲
理經:陳立祥
TEL:(02)9731090
台北縣三重市信義街57號
郵政劃撥570829陳立祥收
・歡迎全省各地鄉親代銷・
・外地訂貨廠付運費・

「廣汕園食品廠」

潮汕人投入餐飲事業分成不同層次，除了第一線的餐館之外，不少人從事食品加工行業，作爲第一線餐館的後盾。從《潮州文獻》的廣告可以看到，潮汕人張建廷經營的廣東「陸香園」食品加工廠（位於和平東路）販賣特製「沙茶醬、鮮魚丸、鮮魚鮫、牛肉丸、炸魚卷」等，這些均是潮汕地區著名食品，提供一般家庭與餐館需求。另一間位於臺北縣三重市的「廣汕園」食品廠，專門製作「芝麻明糖」與「花生湳糖」，強調家鄉口味且是潮州名產。此外，位於彰化縣員林的「中興菜菓工廠」專門製造潮汕人喜愛的冬菜、蒜頭、蒜粉、洋菇乾、草菇乾以及脫水菜乾等。[17]

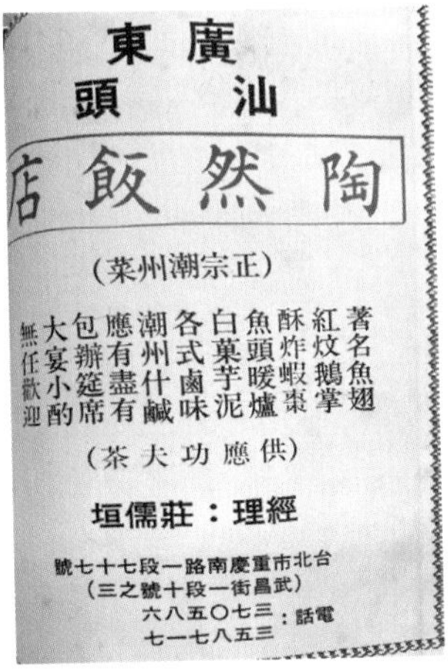

「陶然飯店」廣告

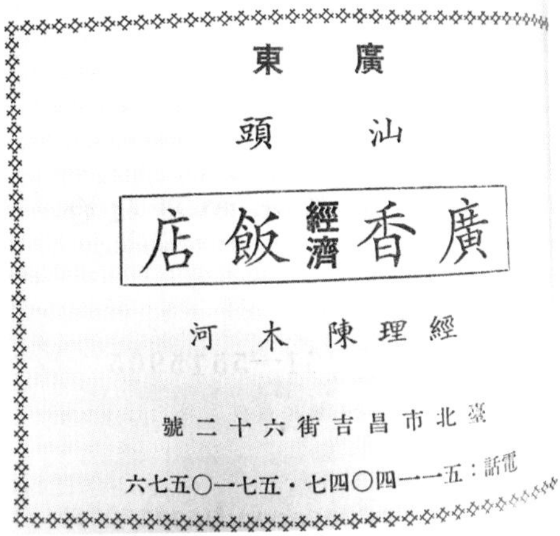

「廣香」經濟飯店

除了餐飲行業外，臺北的潮汕人也經營中醫藥業，例如：位於敦化南路的「姚鍾居中醫診所」頗爲出名；位於延平北路二段九五號的「信通蔘藥行」專門代理韓國官庄高麗參，並販售鹿茸、燕窩、麝香以及給幼兒吃的八寶散。此外，潮汕人經營的事業尚有「花蓮大理石工藝」（中山北路）、「臺灣抽紗工藝」（南京東路）、「協盛漂染廠」（新莊）與「華陽旅行社」（中山北路）等。在社團生活方面，一九七〇年代臺北潮汕人成立「潮光潮樂社」、廣東汕頭「潮藝國樂社」（赤峰街），推廣潮汕音樂；也在八德路成立臺北市第一間潮人教會「基督教八德潮語浸信會」，豐富臺北潮汕人的精神生活。[18]

1974 年臺北市潮州同鄉會於「中泰賓館」舉行新春聯歡大會

1 關於二次戰後潮汕人士移民高雄的資料，參閱李文環、蔡侑樺、黃于津、蔡佩蓉、佘健源合著，《高雄港都首部曲：哈瑪星》（高雄：高雄市政府文化局，二〇一五年），頁一八八－一九一。

2 哈瑪星的相關研究頗多，參閱楊玉姿、張守真，《哈瑪星的文化故事》（高雄市：高雄市政府文化局，二〇〇四年）；許淑娟，〈日治時代「新興高雄」的市街地發展〉，《高市文獻》十八卷四期（二〇〇五年十二月），頁一－二八；黃于津，〈日治時期高雄市「哈瑪星」社會構成之研究〉（高雄：國立高雄師範大學臺灣歷史文化及語言研究所碩士論文，二〇一五年）；李文環、蔡侑樺、黃于津、蔡佩蓉、佘健源合著，《高雄港都首部曲：哈瑪星》（高雄：高雄市政府文化局，二〇一五年）。

3 「潮州人福建祖」是潮汕地區流行的諺語。在行政劃分上潮汕雖隸屬廣東省，但其語言、文化與風俗習慣與福建相似，潮州話亦屬閩南語系。參閱陳有義，〈潮州人，福建祖〉，《尋根》二〇一一第四期（二〇一一年四月），頁一三五－一四一。http://www.stskl.gov.cn/shownews.asp?id=243&sortid=38&smallid=188&threeid=16。

4 鄭東明祖籍廣東饒平，一九三七年中日戰爭爆發前便來到臺灣，在旗津開設「延壽堂」中藥店。第二代鄭榮生一九三八年出生於旗津，後擔任第九屆高雄市潮汕同鄉會理事長，現由第三代鄭建暉主持該中藥店。訪談鄭榮生理事長，二〇一五年十一月十九日。

5 訪談陳成清先生（第七、八屆高雄市潮汕同鄉會理事長），二〇一五年十一月十九日。陳成清一九三六年出生於廣東普寧，一九三九年日軍攻陷汕頭，父親陳碧南逃至香港，一九四六年來臺。一九四七年發生二二八事件，因局勢不穩再度避居香港，爾後又回到臺灣。一九四八年，陳碧南接尚在普寧的妻兒來臺，陳成清與母親、祖母、姊姊一行人，從汕頭搭船至基隆再南下高雄，自此一家人定居於高雄。陳碧南在鹽埕區的銀座國際商場開設「中華興業貿易公司」，經營進出口貿易。

6 關於高雄市潮汕同鄉會成立始末：一九五六年十一月十五日由蔡義軔、蔡誠等三十一名發起成立「高雄市潮汕同鄉會」，同年十二月三十一日經內政部核准籌備，一九五七年三月十七日召開第一屆會員大會，推選出十二位理事及四位監事，由蔡義軔擔任同鄉會理事長。一九六三年設置「獎學金委員會」、「文獻委員會」

與「救濟委員會」等，組織堪稱完備。詳見高雄市潮汕同鄉會文獻委員會，《會訊》第四期（一九六五年），頁一六七－一七〇。

7 高雄市潮汕同鄉會文獻委員會，《會訊》第四期，頁二九六－三〇二；訪談陳成清（第七、八屆高雄市潮汕同鄉會理事長）、鄭榮生（第九屆高雄市潮汕同鄉會理事長），二〇一五年十一月十九日。

8 林衡道，〈臺灣世居住民的祖籍與神明〉《臺灣開闢史料學術論文集》（國學文獻館主編，臺北：聯經書店，一九九六年），頁二八四。臺南市三山國王廟管理委員會，《臺南三山國王廟》（臺南：古都廣告印刷，二〇〇六年），頁一一－一二。

9 臺南市潮汕同鄉會編纂，《臺南市潮汕同鄉會五十週年慶紀念特刊》（臺南市：臺南市潮汕同鄉會，一九九九年），頁四三。

10 同上，頁三六－三七、六七。

11 許長泉先生（一九五二－）的父親來自汕頭潮陽，一九四八年來到臺灣，落腳於臺南三山國王廟，當時廟宇後方有許多客房，讓甫入臺地的潮汕同鄉暫居，彼此照應。許長泉就是在三山國王廟的客房出生，也在此度過童年。他長期任職於中華日報，關心潮汕同鄉事務，曾擔任第十九至二十一屆（任期為一九九五－二〇〇〇）的同鄉會理事，退休後每天上午都會來廟宇，與老朋友泡茶聊天。訪談許長泉先生，二〇一九年二月二十四日。

12 吉承進，〈林國長豪舉　體育館落成〉，《聯合報》一九六三年十月三十日，三版。

13 「僑泰興」後來由林國長的幼孫林命嘉接手事業，擔任「僑泰興」的董事長。司冠中，〈臺灣最早最大的麵粉廠：南港僑泰興〉，《潮州文獻》創刊號（一九七四年十月），頁三八－三九。

14 「中泰賓館」後來由林國長的長孫林命群擔任董事長。阮日宣，〈林國長談勤奮與節儉〉，《經濟日報》一九七一年二月二十一日，九版。劉憲，〈林國長創辦的中泰賓館　它是促進國內觀光事業的一道主流〉，《經濟日報》一九六八年五月十四日，四版。中央社，〈兩家旅館申請　相對基金貸款〉，《聯合報》一九六八年五月三十日，三版。《潮州文獻》創刊號（一九七四年十月），頁五七。

15訪談林超先生（臺北市潮州同鄉會理事長），二〇二〇年二月二十四日。

16參閱臺北市潮州同鄉會編輯印行，《潮州文獻》第一卷至第十卷（一九七四－一九八四年）廣告。感謝「臺北市潮州同鄉會」林超理事長、施良貴常務理事、張建才常務理事、黃敏智總幹事提供資料。

17同上。

18同上。

Chapter 3

沙茶滋味與家族故事

一、臺北「吳元勝」家族的沙茶經營與變遷

二次戰後日人離臺，國民政府率領百萬軍眷撤退來臺，不僅政治環境不變，一般人的飲食生活也受到政權更迭而有所影響。以臺北來說，日治時期的西門町到建成圓環一帶是相當熱鬧的商業區，尤其是西門町的紅樓（俗稱「八角堂」）更是日人採辦民生用品的重要市集。二次戰後的西門町延續了日治以來的繁榮盛景，許多外省移民聚集在此做小吃生意，潮汕移民也看中這裡的人潮商機，在紅樓附近賣起沙茶火鍋，為戰後臺灣的餐飲帶來了新風味。雖然不少潮汕人在臺北經營沙茶菜餚店家，但直到今日依舊營業的店家為數不多，其中最著名的莫過於「吳元勝家族」，其家族在臺北的餐飲事業相當重要，不僅是近代臺灣移民歷史的縮影（橫跨汕頭、廈門與臺北），同時也反映出「沙茶菜餚」（shacha cuisine）在戰後臺北的變遷過程。

第一代吳元勝家族的「清香」沙茶火鍋

吳元勝（一九一二—一九八二）是吳家投入沙茶事業的關鍵人物，他出生於廣東潮陽，年

少時到汕頭發展。一九二九年，正值青春年華的吳元勝（十六歲）來到廈門，在阿姨與姨丈林溫澄經營的粵菜館「樂瓊林酒樓」（廈門開元路二六一號）學習廚藝，也就是俗稱的「oh sai-á」（學師仔）。[1] 幾年後吳元勝廚藝成熟且累積資本，自己在廈門開了一間「清香」沙茶火鍋。爲何店家商號取名「清香」呢？因爲潮汕人特別喜愛用「香」字作爲店家招牌，強調食物香醇可口。有趣的是，這種約定俗成的取名習慣在戰後臺灣潮汕人開設的餐館經常可見，例如高雄市鹽埕區的「味味香」與「可香」，臺南永樂路的「聚樂香」、永福路的「百味香」、民族路的「萬香園」與「集香」，臺北和平東路的「陸香園」、昌吉街的「廣香」等。吳元勝回憶他在潮汕家鄉時，沙茶醬已是當地普遍醬料，坊間著名小吃「沙茶牛肉粿」和「牛肉丸湯」均添加沙茶佐味。[2]

一九三七年爆發了「中日戰爭」，對東亞地區造成重大影響，同時也是吳元勝生命的轉捩點。人在廈門的吳元勝滿腔熱血，積極參與抗日運動並幫忙印製文宣，「清香」沙茶火鍋店內就擺了一臺印刷機，後因風聲走漏遭日本當局查獲，吳元勝被關入監獄（一九四〇年）直到戰爭結束才被釋放。[3] 爾後吳元勝觀察局勢，決定前往臺灣發展，他先到「臺北天后宮」（俗稱西門町媽祖廟）旁邊開了一家小吃店販賣沙茶牛肉，這也是許多潮汕人來臺後從事的行業。[4] 一九五一年，店家搬遷到西門町「紅樓戲院」旁成都路的小巷內，正式掛上廣東汕頭「清香」沙茶火鍋（原店位於廈門）的招牌，是西門町一帶最早經營汕頭沙茶火鍋的店家。除了販賣沙茶火鍋之外，還有沙茶炒麵與沙茶炒飯。

在大時代的動亂下，總有一些事情身不由己。時間稍往前推，早年當吳元勝前往廈門發展時，妻子留在汕頭侍奉公婆，並未一同前往，戰後也未隨吳元勝前來臺灣。一九四六年，在汕頭的妻子病故，於是吳元勝安排年僅十三歲的獨子吳藩俠（一九三三－二〇〇〇）搭船來臺，在父親的「清香」沙茶火鍋工作。[5]由於生意極好，吳元勝也邀請當時人在廈門的三弟吳英松與妻子林新來臺北，協助「清香」沙茶火鍋的經營。

西門町在近代臺北城市發展過程中相當重要，清代的西門外（今西門町一帶）原爲殯葬墳地之小丘，爾後隨著城市人口增加，漢人陸續移居至此。到了日治時期，日本人建造的臺灣總督府位在臺北城內，爲了城市發展，日人將西門外的小丘剷平，並於一九〇八年建造「西門市場」（內含西門紅樓和十字形的市場）。[6]日治時期西門市場生意活絡，販售日人飲食需要的生魚片、醬菜和肉類等，紅樓則爲高級百貨商場，賣家與顧客多爲日人。到了一九二〇年代晚期，臺灣總督府又在西門市場東南側新增三十多間店鋪，生意鼎盛。此外，西門町也有多家戲院，早期有「新世界館」、「第二世界館」和「芳乃館」，後出現「國際館」、「大世界館」和「臺灣劇場」等。整體而言，日治時期「西門町」主要爲日人消費地區，附近有食堂、商家與娛樂場所，與「本島人」（臺灣人）聚集的大稻埕與艋舺呈現出不同風情，當時人們稱之爲「西門情調」。[7]

二次戰後日人離臺，西門市場的商業特性吸引本省籍攤商進駐，外省族群則在西門市場兩側搭篷販賣麵點、餛飩和沙茶牛肉。由於餐飲業具有群聚效應，因此吳元勝的「清香」沙茶火鍋也選擇在紅樓巷內開

從西門町販賣沙茶菜餚起家的吳元勝家族，左起：吳元勝、吳藩俠、吳英松｜吳振豪提供

業，附近還有其他火鍋店家，包括「小樂」沙茶火鍋、「元福」與「東家和菜」。其中，一九四七年開業的「東家」，火鍋湯頭以扁魚和大骨熬成，甘甜鮮美，店內的火鍋配料都是手工自製，例如排骨酥選用品質良好的豬小排，再用醋、雞蛋和地瓜粉下鍋油炸，魚餃食材來自基隆，餡料新鮮。[8]

就戰後初期的消費客群來說，務農背景使得本省家庭較少食用牛肉，因此當時沙茶菜餚的顧客群以外省人、公務員和演藝人員為主，例如一九五九年「中國詩人聯誼會」招待韓國詩人趙炳華中秋餐敘，就到西門市場吃「沙茶牛肉」。[9] 一九六〇年四月《聯合報》提到張小燕非常喜愛西門町的沙茶牛肉，當她三度榮獲亞洲最佳童星獎時，當晚隨即前往西門町大啖「沙茶牛肉」，並觀賞一場「舒伯特傳」電影。[10]

第二代吳藩俠的「元香」沙茶火鍋

第一代吳元勝的「清香」沙茶火鍋在西門町發跡並打響名號，第二代吳藩俠看好沙茶火鍋前景，於一九六六年買下峨嵋街十五號的店面，創立廣東汕頭「元香」沙茶火鍋，這是吳家第二代經營沙茶火鍋的開始。店名「元香」的「元」取自父親「吳元勝」名字，強調父子傳承，至於「香」則沿用潮汕人經營餐飲的取名傳統。一九六〇年代峨嵋街聚集不少知名餐館，例如：金佑天創立的韓國烤肉「阿里郎」（峨嵋街十三號）、福州餐館「新利」[11]以及北方麵點「北平都一處」。當吳藩俠創立「元香」沙茶火鍋時考量客源尚未穩定，仍在父親與叔叔合夥經營的「清香」沙茶火鍋工作，由妻子劉錦鶴掌管「元香」，待生意步上軌道後，吳藩俠才辭去「清香」職務，專心經營「元香」。[12]

相較於第一代吳元勝的經營方式，第二代吳藩俠的餐飲服務更加周到。首先是店家器具現代化，吳藩俠使用當時最先進的四大電器用品（俗稱「四大金剛」），包括冰箱、切肉機、瓦斯爐以及冷氣。從今

紅樓戲院旁的「清香」沙茶火鍋春節醒獅｜吳振豪提供

天的角度來看，上述家電或許不足爲奇，然而一九七〇年代臺灣電器尙未普及，吳藩俠卻大膽投資，確實眼光獨到！這些電器用品的使用改變了「元香」沙茶火鍋的經營與消費方式。首先，冰箱可以延長牛肉保存時間，確保肉質新鮮無虞，對於地處亞熱帶的臺灣來說確實有必要；其次，吳藩俠採用當時最新的日本製「切肉機」取代人工切肉，由機器設定牛肉切片厚度，端出來的肉片整齊美觀且標準化，涮燙起來也十分方便。[13]

在烹煮方式上，第二代吳藩俠的「元香」也有所創新。一九六〇年代臺灣一般家庭的廚房多採木炭烹飪，瓦斯爐並不普遍，例如一九六二年十二月傅培梅女士第一次上電視示範烹調中菜，當時仍使用木炭而非瓦斯爐。[14]臺灣各地方的沙茶牛肉店家多以炭火加熱，因此稱之爲「吃爐」。然而，吳藩俠的「元香」沙茶火鍋已採用瓦斯爐烹調，不僅加熱速度快且涮燙肉片較爲容易，甚受顧客喜愛。一九七〇年代初期，隨著國人經濟力逐漸提高，多家電器業者開始推出瓦斯爐，例如一九七一年「多田公司」推出「多田牌」瓦斯爐（LC121型單口爐），強調「迎合小家庭和單身漢的需要」，「適合廚房不大的小家庭使用，或者冬天時，用作沙茶火鍋爐亦極爲適宜。」[15]一九七三年「東寶電器公司」也推出電溫爐，強調不鏽鋼材質且穩定性高，「可用來當電火鍋、電煎鍋、烤麵包、沙茶魚頭火鍋等用途」。[16]一九七四年「昇凡公司」也進口「三年萬用瓦斯爐」，強調輕巧攜帶方便，「最適於家

元香沙茶火鍋｜吳振豪提供

庭沙茶爐、火鍋，或旅遊、登山等用」。[17] 有趣的是，傳統臺灣的木炭烹煮方式雖然隨著時代變遷式微，但今天有些餐飲業者認爲木炭烹煮火鍋滋味更佳，消費者也樂於享受「古早味」，因此仍有店家採用木炭來燉煮火鍋。

除了前文提到的冰箱、切肉機與瓦斯爐，第二代吳藩俠也安裝冷氣。一般來說，秋冬季節是沙茶火鍋熱賣的時節，大夥兒呼朋引伴一起吃火鍋，彷彿再冷的寒流都不怕了。相對於此，炎熱潮濕的夏天似乎不適合吃火鍋。幾經思考，吳藩俠爲了讓顧客在炎炎夏日依舊能大啖沙茶牛肉鍋，不惜斥資安裝冷氣，由於一九七〇年代臺灣餐廳附設冷氣的店家數量有限，「元香」沙茶火鍋特別在門口看板上寫著「冷氣開放」，藉此吸引顧客消費。

在消費對象方面，初期「元香」的顧客以演藝人員爲大宗，臺視記者和許多「大咖」藝人都常來，包括：盛竹如、顧安生、恬妞、林青霞、秦漢、鄧麗君、張小燕和胡錦等人。劉錦鶴表示，早期臺灣餐飲業大概九點就打烊，但「元香」營業時間較晚，加上合桌共食的火鍋形式非常適合藝人錄影或拍片結束後大夥兒來聚餐，「元香」的名號就在藝人之間流傳開來。另一方面，「元香」對於肉品和沙茶皆十分講究，價格自然比當時市面上其他沙茶菜餚店家貴些，例如：牛肉、牛肝、牛筋、毛肚和豬肉都是二十八元，雞肉三十元，羊肉三十五元，以當時的消費水平來說並不便宜。不過，沙茶牛肉的好味道仍吸引許多老饕，南僑集團董事長陳飛龍（一九三七—）是美食家，本身投資多家餐飲業，他也是元香沙茶火鍋的老主顧。[18] 主演電影《梁山伯與祝英臺》而聲名大噪的藝人「凌波」來臺訪問時，也曾到「元香」大啖沙茶火鍋。此外，「金龍少棒隊」於一九六九年贏得第二十三屆世界少棒大賽冠軍後也在「元香」舉辦慶功宴，透過電視的轉播報導也使得「元香」更加聲名遠播。[19]

從一九六六年創業至一九七六年，開業十年的「元香沙茶火鍋」經營有成，但爲了因應日益競爭的市場，吳藩俠決定重新裝潢店面，一九七六年《自立晚報》刊登一則「元香沙茶火鍋」的消息：

> 聞名遐邇的廣東汕頭元香沙茶牛肉館，民國卅八年創設於西門町，迄今卅餘年，以服務第一、顧客至上熱誠，贏得顧客好感，而有口皆碑。元香沙茶館一向精選本地上等黃牛肉，以美味鮮嫩著稱，而且製作沙茶火鍋所用的湯，也是採最好牛骨和上等豬肉熬燉的原味湯，不但味道香醇與眾不同，質量並重是其特色。該館爲適應營業需要，特將内部一切設施重新裝修，店面也改用自動隔音門，地板全鋪高級羅馬瓷磚。餐桌和椅，採用最新款式，華

麗高雅，氣氛煥然一新。元香沙茶館提供烹飪料理有牛肉、新鮮雞蛋、腦花、鮮蔬菜、牛肝、腰花、牛筋、牛骨髓、魚丸、蝦餃、豆腐等，味道醇美，非常可口。地址：臺北市峨嵋街十五號（廣）[20]

文中說明店家使用臺灣本地黃牛肉，也用牛骨和豬骨熬煮高湯，並提供豐富多元的肉品與配料，再加上全新裝潢，提供顧客一流的用餐環境。到了一九八〇年代，臺北的商業區已從西門町轉移到東區忠孝東路一帶，原本位於峨眉街的「元香沙茶火鍋」也搬遷至東區信義路。第二代吳藩俠在二〇〇〇年過世後「元香」由第三代接手經營，由吳藩俠的長子吳振中負責製作沙茶，老三吳振豪負責經營餐廳。爲了吸引年輕族群，二〇〇九年吳振豪在東區開設「老西門」沙茶火鍋，將沙茶火鍋介紹給年輕世代。

戰後臺北火鍋餐飲的變遷

吳元勝家族經營的「清香」、「元香」與「老西門」三家火鍋店，反映了戰後臺北沙茶菜餚的興起與火鍋業的變遷，同時也見證了臺北城市的發展。首先，一九七〇年代的報導可看出臺北街頭已有許多沙茶火鍋的出現，例如一九七三年十一月十七日《自立晚報》的「今宵何處去」專欄提到：

沙茶火鍋吃店在市區內，幾乎舉目可見，且一般消費皆廉，想品嚐較佳口味，以重慶圓環和西門紅樓邊巷內的吃店爲佳。週末晚餐，全家外出圍坐宴享沙茶火鍋，其熱氣可以除袪寒意，又可使主婦省下一餐勞累，歡渡假期，不失爲「上上之法」。[21]

一九七四年元旦的《自立晚報》「天氣寒冷吃沙茶」的報導也提到：

近日天氣寒冷，沙茶牛肉店生意轉旺。市民晚上邀二、三知友，前

「清香」沙茶火鍋與「東家和菜」｜吳振豪提供

往吃『沙茶爐』，牛肉、蔬菜，共煮一爐，佐以沙茶醬，邊煮邊吃，熱氣騰騰，若再來上幾杯溫了的紹興酒，將既飽且醉，可享受冬夜圍爐的樂趣。[22]

一九七八年一月二日《中央日報》也提到「在本省『汕頭沙茶』風行一時，酒店餐廳視爲寵饌，許多潮籍人士亦發了一筆『沙茶』財。」[23] 由上可知，一九七〇年代由潮汕人販賣的的沙茶火鍋確實成爲臺北街頭一股新興的餐飲形式。

有趣的是，除了潮汕人經營的

一九七〇年代峨嵋街的「元香」沙茶火鍋｜吳振豪提供

一九七〇年代的「元香」沙茶火鍋｜吳振豪提供

「沙茶火鍋」之外，臺北街頭出現了另一種火鍋型態—「自助式火鍋」，尤以一九七九年「反共義士」曾德創立的「自助火鍋城」最為出名。曾德當過紅衛兵並經歷勞改，逃亡至北越後，於一九七三年投奔來臺。他看到西門町商圈的火鍋生意熱絡，於是在西門國小對面開了一間「自助石頭火鍋」（成都路一五三號）。所謂「自助式」的概念是受到「超級市場」與「廣東飲茶」的啓發，前者由顧客進入賣場自由選購產品再結帳，後者由服務員推餐車讓顧客挑選港點小吃，再透過帳單上的「小點」、「中點」、「大點」與「特點」來結帳。曾德靈機一動，想出讓顧客自己挑選食材的點子，然後再依照不同顏色的碟盤計帳。這種「自助型」的消費方式讓顧客相當有「參與感」，進入店家

一九七〇年代「元香」沙茶火鍋使用的不鏽鋼餐具｜吳振豪提供

後便可以來到食材區，觀看並選擇自己喜愛的火鍋食材，坐定位置後再烹調食用。這種方式一來可提升顧客用餐的趣味性，二來大幅節省服務生的人事費用，堪稱一石二鳥。由於曾德的「自助火鍋城」推出後大受歡迎，西門町以及其他地方的火鍋業者競相仿效，導致當時臺北先後出現幾十家自助火鍋店，盛況空前。有趣的是，反共義士曾德不僅擅長做生意，也十分有才氣，年輕時曾以筆名「馬蹄鐵」寫小說，並在臺灣出版小說集《當乞丐的日子》（一九八四年，幼獅文化），後來因忙於餐飲事業而擱筆，作家朱西甯（一九二七—一九九八）覺得甚爲可惜，評其爲「才役於財，高材低用，暴殄天物」。[24]

除了西門町一帶的「沙茶火鍋」和「自助式火鍋」，「臺北圓環」（或稱「建成圓環」）也是另一個火鍋的新興地區。「建成圓環」是許多老臺北人的共同回憶，日治時期就聚集了攤商小販，商業興盛，一九四三年太平洋戰爭期間美軍轟炸臺灣，日本殖民當局將之改爲蓄水防空壕，爾後隨著戰爭結束又恢復原貌。戰後的「建成圓環」吸引許多人在此經營餐飲小吃，人潮聚集，其中來自臺北三芝的簡吉田開設的「第一火鍋」系列相當出名。簡吉田從一九六〇年代就投入餐飲業，他來到圓環一帶學習烹飪技術，並開始販賣「炒沙茶牛肉」（每份新臺幣十五元），然後又在重慶北路經營「第一餐廳」，販賣沙茶火鍋。接著在寧夏路開設「佳欣餐廳」，不僅提供沙茶火鍋，也販賣韓國石頭火鍋。一九七〇年代簡吉田在重慶北路開設「聯一餐廳」，爾後又在寧夏路開設「帝一餐廳」，由於簡吉田與西門町的「清香」和韓式燒烤「阿里郎」老闆皆熟識，從中學習廣東汕頭的沙茶醬配方以及韓式石頭火鍋的烹飪方式，再結合本土的砂鍋魚頭，最終提供「混合」（fusion）的火鍋菜餚給顧客，同時販賣沙茶火鍋、石頭火鍋、韓國烤肉與砂鍋魚頭，幾乎包辦所有種類的火鍋。[25]

總結來說，潮汕人帶來的「沙茶菜餚」（shacha cuisine）促成戰後臺北掀起了火鍋熱潮，除了西門町和建成圓環聚集了不少店家，其他類型的餐館也順應潮流，在菜單中增加「汕頭沙茶火鍋」的品項。例如一九六九年位於民權東路的「海園餐廳」原以水產海鮮著稱，後來也增設「沙茶海鮮火鍋」（一客新臺幣四十

一九七〇年代「元香」沙茶火鍋的店員｜吳振豪提供

信義路上的「元香」沙茶火鍋｜曾齡儀拍攝

元）；[26]一九七七年位於仁愛路的「直線西餐廳」占地兩百多坪，可容納一百五十多位顧客，除了提供現煮咖啡、法式西餐、還有臺菜宵夜，竟然也賣起「沙茶火鍋」（每份新臺幣六十元），[27]反映了當時沙茶火鍋確實是深受臺灣社會歡迎的一種新飲食。

二、港都鹽埕區的「沙茶牛肉爐」

二次戰後許多潮汕移民從高雄港上岸，選擇臨港的哈瑪星與鹽埕區落腳，這兩區在日治時期奠下良好的工商發展基礎。哈瑪星的名稱從日文的鐵路線道「濱線」（はません）而來，其發展起始於臺灣總督府的築港計畫與鐵路建築；另一方面，鹽埕區緊鄰哈瑪星，也在總督府的主導下從原來的鹽田轉變爲工商之地，一九四一年俗稱「五層樓仔」的「吉井百貨公司」完工後，更確立了鹽埕區的商業地位。[28]由於日治時期打下的良好基礎，二戰期間的哈瑪星與鹽埕區雖然經歷盟軍轟炸，但戰後很快地恢復繁榮。

戰後的鹽埕區商業繁盛，有許多商店與購

汕頭「天天」沙茶火鍋｜曾齡儀拍攝

物商場，首先是日治時期一九三七年即開幕的「銀座」商場，由其名稱可知是模仿日本東京銀座的格局而建，典雅的商場建築內販售高級西服與百貨用品，戰後改名爲「國際商場」。[29]「堀江商場」和「大溝頂」也是鹽埕區的主要商場，戰前日本在進行高雄築港計劃時，開挖貫穿鹽埕南北的水溝「堀江」，戰後在溝渠上加蓋，發展出專售舶來品的「堀江商場」以及走平價庶民路線的「大溝頂」。鹽埕區還有一九五八年成立的「大新百貨公司」，以及因應韓戰與越戰軍事需求而生的酒吧街。當時高雄港成爲美軍船艦的補給修理站，同時也是

「天天」沙茶火鍋創辦人鄭鑾嬌（左）、許惠琴（中前）、許天賜（右）｜許惠琴提供

美國士兵的渡假地之一，緊鄰高雄港的七賢三路成為美國大兵駐足的「酒吧一條街」，熱鬧非凡。[30] 再加上港都大戲院、壽星戲院、光復戲院、國際戲院、金城大戲院、亞洲大戲院以及「大舞台戲院」等眾多戲院，商業繁盛。其中，位於鹽埕區大仁路一九九號的「大舞台戲院」近年成為高雄在地的熱門話題，原址是日本時代的「高雄製冰株式會社」，二戰時期在空襲中毀損，戰後由來自澎湖的建築師蕭佛助（一九〇〇－一九八四）設計與建造該戲院，造型特殊，極具特色，以歌仔戲劇為主。一九五〇年代由號稱「五龍一鳳」的臺灣省議員郭國基（一九〇〇－一九七〇）接手經營，他從日本進口新式放映機，專門播放洋片而成為當時高雄市的黃金戲院。然而，隨著民眾的娛樂型態改變與建物老舊，一九九九年戲院停業之後已於二〇一三年拆除。[31]

戰後潮汕人聚集在哈瑪星與鹽埕區，當地販售「沙茶菜餚」的店家甚多，但隨著高雄商業中心的轉移，許多商家已經歇業或轉行，但目前仍有數間沙茶火鍋屹立不搖，歷史悠久且沙茶味道廣受歡迎。本節將討論五家餐館，包括原本在哈瑪星代天宮旁營業的「可香飯店」（目前搬到鹽埕區河西路三號）、鹽埕區的「天天沙茶火鍋」、「味味香牛肉爐」與「汕頭勝味牛肉店」（店家名稱與初始營業時些許不同）。此外，鹽埕區亦有多間販售沙茶麵與沙茶燴飯的商家，這些飲食均與高雄的潮汕移民密切相關。

首先來到「可香飯店」，第一代開業時就在哈瑪星「代天宮」附近。「代天宮」現址是日本時代的市役所，後因都市發展，市役所遷至愛河畔榮町，也就是今天「高雄歷史博物館」的位置。市役所舊址後來改爲「雙葉國民學校」，二戰末期遭到美軍轟炸，戰後由旅高的臺南七股人募資建立「代天宮」，成爲當地重要廟宇。「可香飯店」的創辦人朱木鳴（一九二九－二〇〇九）來自汕頭，他的父親曾在潮州經營「進記飯館」，朱木鳴自小耳濡目染，熟悉潮汕菜餚的烹飪方式，再加上他在汕頭的

「可香飯店」創始人朱木鳴、吳秀午夫婦結婚照｜朱瑋生提供

「可香飯店」創始人朱木鳴、吳秀午夫婦攝於高雄代天宮前｜朱瑋生提供

中藥行當過學徒，通曉中藥知識，上述經驗對於日後朱木鳴開設「可香飯店」頗有助益。

在二次大戰前，朱木鳴已經來到臺灣，後遭逢中日戰爭滯留高雄。經過一些挫折與衝擊，朱木鳴決定以廚藝立足異鄉，一九五一年在哈瑪星代天宮旁開設「可香飯店」，不僅提供沙茶炒牛肉、沙茶牛肉爐、滷鵝、蠔烙、魚膠、花膠（魚膘）、魚丸等，也烹製以鮑魚、海參與魚翅等高檔食材著稱的潮州菜。無獨有偶，朱木鳴的妻子朱吳秀午（一九三七年出生）也是潮州人，吳秀午的祖父在一九四九年帶著兒孫一行人從潮汕逃到高雄，初始在五福四路底一帶（哈瑪星和鹽埕區的交界處）賣汕頭麵維生，後來吳秀午與朱木鳴結爲夫妻，同心經營「可香飯店」。

戰後哈瑪星商業繁華，不少人在此辦公洽商，再加上潮汕人佔有一定比例，不少人經常到「可香飯店」品嚐道地的潮州菜，一解鄉愁。由於「可香飯店」附近便是漁港，水產海鮮取得容易，再加上潮汕人多經營中藥行，以中藥燉滷提味的潮州菜餚特別入味。第二代朱瑋生回憶：當時哈瑪星和鹽埕區是戰後高雄最繁華的地區，從事漁業、船務、報關與金融的業者均在此活動，潮汕同鄉以及不少大公司員工與政府機關人員皆來「可香飯店」消費。早期店家與顧客彼此熟識，用餐後記帳，待月底再結清。[32]「可香飯店」後來由朱木鳴的兒子朱瑋生接手經營，考量鹽埕區在一九八〇年代逐漸沒落，朱瑋生將店家搬遷至新興區，店名改爲「可香潮州菜館」，採庭園式風格設計，並由老闆視當天食材向顧客推薦菜餚。近年來鹽埕區的人文歷史受到重視，加上政府推動地方創生，人潮逐漸回流。經此考量，朱瑋生的「可香飯店」又搬回鹽埕區河西路三號，緊鄰愛河的河畔美景，希望有機會再現潮州菜餚的風華！

朱木鳴的「可香飯店」以道地潮州菜聞名，但也有些潮汕人選擇經營「沙茶菜餚」。由許天賜（一九一三－一九九〇）與鄭鸞嬌（一九二三－二〇一〇）夫婦創立的「天天沙茶牛肉店」就是潮

「可香飯店」｜朱瑋生提供

汕人在高雄鹽埕區經營的餐館，而且營業至今。鄭鸞嬌是「天天」的負責人，她本籍潮州，家裡經營米行與南北雜貨，由於父親經常往返潮汕與南洋，對於南洋的沙嗲與潮汕的沙茶頗有瞭解，鄭鸞嬌耳濡目染，擅長炒製沙茶。至於許天賜則是臺南安平人，喜愛研究廚藝，日治時期曾前往潮汕地區學習潮州菜，爾後認識鄭鸞嬌並結為連理。

許天賜帶著潮州的妻子在一九四三年太平洋戰爭之際回到臺南，終戰後再遷居高雄。一九四七年開始在鹽埕區著名的「大溝頂」附近經營「天天」餐館，初期提供的菜餚以沙茶牛肉（炒芥藍）、沙茶豬肉（炒白菜）以及牛腩湯為主，尚未販售「沙茶牛肉爐」。[33]「大溝頂」原本是愛河支流「後壁港」，日治時期整治為排水溝，戰後一九五四年在大水溝上加蓋成為商場，附近有大公商場、富野商場、新樂商場與堀江商場，不少餐飲店家在此開業，例如與「天天」沙茶牛肉店緊鄰的其中一間店家是日後轉戰臺北的「北平都一處」，創業人徐繼聲一九四九年在高雄鹽埕區大溝頂開店，提供酸辣湯、餡餅、小籠包等麵點，爾後遷至臺北，成為著名店家，美國總統老布希（George H. W. Bush）等人皆曾光臨過。

草創時期的「天天沙茶牛肉」聘請兩位廚師，一位是阿城（汕頭人），一位是萬守（臺灣人），還有一位名叫吳金芒的女侍。[34]鄭鸞嬌為人熱心且擅於經營，生意愈來愈好，到了一九六七年，原本在大溝頂營業的「天天沙茶牛肉店」搬遷至「大舞台戲院」對面巷內的透天厝（大仁路二〇四巷二十七號），一、二樓爲餐廳，閣樓爲住家，並將店名改爲「汕頭天天沙茶火鍋」，專門販賣沙茶牛豬羊鍋，其中牛肉爐是消費大宗，火鍋配料有狗母魚丸、金針菇、玉米與豆腐等。當時旅居高雄的潮汕人（以男性爲大宗）若要敘舊、聚餐或者小酌，第一個念頭就是去鄭鸞嬌的「天天」吃火鍋。在經營傳承上，鄭鸞嬌夫婦僅有一子，後來收養店員吳金芒的長女許惠琴（一九五九年出生），她從小學五年級就在店裡幫忙，非常熟悉沙茶醬的製作方法以及牛肉爐食材的準備。許惠琴目前是「天天」的負責人，

料好實在的「天天」沙茶火鍋｜天天沙茶火鍋提供

她回憶起媽媽時代的「天天」沙茶火鍋總是聚集四方來客，除了潮汕同鄉外，經常來消費的有報關行職員、堀江商人以及銀行職員等男性。[35]

從一九四〇年代晚期到一九八〇年代，「天天」沙茶火鍋的老闆娘鄭鸞嬌考量自己年事已高，曾在一九八八年歇業，然而養女許惠琴捨不得讓沙茶牛肉爐的好味道就此失傳，一九九三年開始在夜市販賣迷你火鍋，頗受顧客青睞，然而夜市的生意型態難以兼顧家庭，僅維持了兩年。到了二〇〇五年，許惠琴夫婦在幾位好友的鼓勵下（包括「阿財雞絲麵」老闆張源財、「銀星動物醫院」郭進吉院長以及企業家楊正義等人），決定重新經營沙茶火鍋店，傳承養母的潮汕好味道。

重新開幕的「天天汕頭沙茶牛肉爐」令人讚賞，以沙茶醬來說，「天天」的沙茶醬味道令人印象深刻，多採臺灣本土食材製成，包括東港蝦米、澎湖與東港的扁魚、北港紅蔥頭、芝麻與花生粉等，一碗小小的沙茶醬包含臺灣各地的食材。「天天」也重視牛肉品質，好吃的牛肉多來自高雄當地現宰黃牛肉，由許惠琴和先生自行處理筋膜，確保顧客吃到的牛肉鮮嫩多汁。店家也提供「招牌沙茶熱炒」，包括經典的沙茶牛肉、蔥爆牛肉、麻油牛肉以及各式沙茶牛豬羊燴飯，同時也提供清爽的湯類，包括鮮肉湯、牛肝湯與蚵仔湯等。此外，沙茶火鍋周邊的食材也相當講究，包括花枝、蚵仔、蝦等海產，也自製干貝漿、花枝蝦仁漿以及各種魚丸。至於湯底則是以高湯加上扁魚熬煮，鍋內有番茄、豆腐、白菜、蔥段與小榨菜等。美味的沙茶菜餚，加上高雄整體環境的改善，包括愛河整治成功、鹽埕區捷運通車、輕軌通車以及駁二藝文特區啓動等，前來鹽埕區旅遊的顧客增多，也促使沙茶火鍋的生意更加興盛。

沙茶醬多採用臺灣本土食材製成｜天天沙茶火鍋提供

令饕客食指大動的佐料｜天天沙茶火鍋提供

過了七賢橋，來到鹽埕區的七賢三路，這裡曾經繁華一時。在俗稱「賊仔市」的富野路上有一家「味味香牛肉爐」，老高雄人對這家沙茶牛肉火鍋相當熟悉。與「天天」一樣，一九六〇年開業的「味味香食堂」也是潮汕人經營的店家，第一代老闆楊水來（一九一九—一九九一）生於廣東朝陽，一九三七年「盧溝橋事變」之後搭船來臺，在高雄碼頭上岸後，先在臺南龍山寺一帶賣豆漿，豆類製品（豆漿、豆花和豆腐）也是潮汕人擅長的食物。一九四二年楊水來與汕頭人楊張洪妹女士（一九二五—二〇〇七）結婚，聽聞高雄鹽埕區熱鬧繁華，又聚集不少潮汕同鄉，因此決定搬來高雄發展。一九六〇年楊水來與兩名汕頭朋友合資開設「味味香食堂」，店名是當時高雄市長陳啓川的秘書鄭德榮（汕頭人）所取名。[36]

楊水來後來獨資經營「味味香」，專賣沙茶炒牛肉與沙茶牛肉爐，草創之初生意尚不穩定，他也在門口擺攤賣豆漿，並在附近瀨南街開設雜貨店，爾後「味味香」搬遷到七賢三路與富野路的交叉口，就是目前店家所在地。「味味香」的創業過程見證了鹽埕區的變遷，一九六〇年代受到越戰影響，當時臺灣作爲美軍的補給站，不少美國大兵利用假期來到高雄港，因此鄰近海港的七賢路一帶酒吧林立，不少 bar girls 都是「味味香」常客，經常外帶美味的「沙茶炒麵」（一份六元）和「沙茶炒飯」（一份八元）。到了夜晚，顧客多選擇沙茶火鍋聚餐，此時沙茶牛肉爐逐漸流行，店家也提供沙茶豬肉鍋與砂鍋魚頭。就牛肉品質來說，早期牛肉爐的牛肉來源較不穩定，一開始多爲水牛肉，但肉質乾澀，之後改爲黃牛肉並沿用至今。其他火鍋配料有牛肉丸、現炸豆皮、還有潮汕人擅長製作的魚丸、魚餃與魚冊。「魚冊」[37]的製成方式是將魚漿鋪成片狀，如果將魚漿加入麵粉切成麵條狀則稱爲「魚麵」。此外，前文也提過潮汕人製作的「魚餃」類似中國北方的「水餃」，鹽埕區的沙茶火鍋店家多向專門經營魚餃的「海龍牌」商家叫貨，「海龍牌」老闆鄭榮耀也來自汕頭。有趣的是，早期臺灣社會瓦斯爐不普及，店家多使用炭火煮牛肉爐，味味香也承襲炭爐傳統，保有古早味的好味道。

從一九六〇年代創立至今，「味味香」也從第一代楊水來傳到第二代楊胤睿（一九五三年生）與郭昱伶（一九五六年生，茄萣人）夫婦，第三代楊硯翔（一九八三年生）亦協助經營。目前「味味香」依舊保有過去純樸簡單的用餐環境，重視食材與味道，不走花俏裝潢路線。沙茶牛肉爐一直是「味味香」的招牌，其他鍋類尚有砂鍋魚頭、豬肉鍋與羊肉鍋。火鍋配料包括各式魚丸、手工花枝丸、魚餃、芋頭與玉米等。爲了吸引年輕族群嘗試牛肉爐，近來「味味香」在食材上增加「日式」火鍋配料，例如日式蟹肉棒、牛蒡丸與魚豆腐等，這在鹽埕區其他專賣沙茶牛肉爐的店家較少見，也是「味味香」的一項創新。值得一提的是，「味味香」

除了沙茶牛肉爐與各式火鍋配料外，與「天天」一樣，他們也有拿手的快炒菜餚，例如沙茶牛肉飯麵、芹菜脆腸、糖醋花枝、生炒什錦、青椒豬肝、腰果蝦仁與麻油腰花等，這種混合式的經營方式讓顧客可品嚐多元菜餚，一飽口福。

鹽埕區第三家由潮汕人經營的沙茶店家是位於崛江商場附近的「勝味牛肉爐」（現址七賢三路六五號）。創辦人許清波（一九二〇—一九九〇）來自廣東汕頭，中日戰爭前就來臺尋求商機，一開始在高雄賣火炭與沙茶麵，一九五〇年代來到高雄「大港埔」（高雄民生路

「味味香」第二代店主楊胤睿
｜曾齡儀拍攝

與中山路圓環一帶），在潮汕同鄉張桂泉開設的「汕頭沙茶牛肉店」擔任學徒。一九五八年許清波也來到在鹽埕區，在「大舞台戲院」斜對面（大仁路一九二號）開設「廣東汕頭勝味沙茶火鍋」，沙茶醬以椰粉、薑黃、蒜、花生粉以及沙拉油等製作而成，味道香濃可口。

草創初期的「勝味」有一位來自高雄蚵仔寮的店員蔡來珠（一九五四年生），在家鄉就聽聞鹽埕區人潮衆多且充滿商機，爾後因緣際會來到「勝味」工作。當時「勝味」還有一位來自屏東的廚師何碧奎（一九五五年生），他的父親是一九四〇年代初期來臺的潮汕

「味味香」｜曾齡儀拍攝

人，早期在恆春一帶賣豆腐。廚師何碧奎與店員蔡來珠同在「勝味」工作而譜出戀曲，透過蔡來珠的介紹，「勝味」老闆許清波又認識蔡來珠的姊姊蔡賴（一九四八年生），結爲夫妻。因此，「勝味」餐館就有廚師何碧奎與蔡來珠，老闆許清波與蔡賴兩對佳偶一同打拚，將潮汕的沙茶美味帶到鹽埕區。

幾十年下來，「勝味」在人事經營上也有變化，第一代創業者許清波過世後，子女無意繼承沙茶牛肉爐事業，改由何碧奎與蔡來珠夫婦接手，經營者由「許家」轉變爲「何家」，但不變的是潮汕人烹調出的美味沙茶菜餚。何碧奎與蔡來珠夫婦育有二子一女，長子何先立退伍後接掌勝味主廚，店面也從大舞台戲院附近搬遷至七賢三路上。[38]「勝味」的經營方式仍以沙茶牛肉爐爲主，但近來發展趨向多元，提供菲力骰子牛、溫體牛肉、特製牛肉與進口牛肉以及海鮮火鍋、五花豬肉與砂鍋魚頭。火鍋桌邊食材也相當多元，包括丸餃類、蔬菜類、內臟類（牛尾、牛鞭、牛肚、牛仙果、牛心與牛肝等）與海鮮類。此外，「勝味」也提供熱炒菜餚，例如芙蓉牛肉、紅燒牛尾、麻油仙果與熱炒牛肚等。其他項目包括滷味類（牛肚、牛鞭、牛筋與牛肉乾）、湯類（牛肉湯、手工魚丸湯、手工魚餃湯與什錦湯）以及燴飯麵類（沙茶牛豬羊飯、麵與米粉），品項豐富。

汕頭人徐耀德（一九三〇年出生）創立的「泰山」廣東汕頭沙茶火鍋也是從鹽埕出發的沙茶店家。徐耀德在國共內戰後跟隨國民黨部隊來臺，先到潮汕同鄉鄭鸞嬌的「天天沙茶火鍋」學習廚藝，結識店員倪照，她是屏東崁頂人，家中務農，十多歲就來高雄市找尋工作機會。婚後兩人一起在「天天」工作，經過了十多年，徐耀德夫婦於一九七〇年代自行創業，考量鹽埕區租金騰貴，因此將店家開設在苓雅區興中路上，當時那一帶多是木材店家，人口較少，租金也相對便宜。[39] 徐耀德於二〇〇五年將事業傳給獨子徐志良（一九七七年出生），第二代的經營方式與父親不同，較特殊的是「泰山」沙茶火鍋進駐大型購物中心，包括高雄市的「大魯閣草衙道」和「駁二棧貳庫」，新穎裝潢與親切服務受到年輕族群的歡迎，也將潮汕沙茶醬的好滋味介紹給年輕世代。

雖然戰後以來鹽埕區是高雄的商業重鎮，一九八〇年代以後，高雄市的商業重心逐漸轉移到新興區和苓雅區，爾後高雄捷運與高鐵通車，商業中心再往三民區與左營區發展，鹽埕區逐漸沒落。鹽埕區的沒落大致可歸因於：第一、一九七九年中山高速公路完工，終點行經高雄東區，促成三民區、苓雅區、前鎮區興起，高雄的交通中心往東移動。第二、一九七五年成立的「大統百貨公司」和一九八四年成立的「大立百貨公司」形成另一商圈。第三、自一九三九年起，鹽埕區便是市政府所在地（今天的高雄市歷史博物館），一九九二年高雄市政府搬遷至苓雅區四維路，加速了鹽埕區的沒落。[40] 近十年來在謝長廷與陳菊擔任高雄市長期間，用心規劃「駁二特區」，將港口老舊倉庫改造爲休閒區，結合音樂會、座談、電影與各種藝文活動，吸引大批人潮。「駁二特區」的出現確實活絡了鹽埕區的觀光與商業，再加上網路社群媒體的介紹，連帶也使得鹽埕區的沙茶牛肉爐老店再度受到注目。上述店家努力經營，將「沙茶茱餔」的美味從潮汕帶到高雄，經過數十載的發展，成爲高雄在地的飲食味道！

三、吳新榮的「沙茶」體驗與臺南「小豪洲」故事

本節將討論臺南仕紳吳新榮的飲食經驗以及臺南著名的「小豪洲」沙茶牛肉爐。在臺灣發展歷程中，臺南是最早開發的城市。十七世紀大航海時代「荷蘭東印度公司」（VOC）來到大員建立熱蘭遮城（後來的「安平古堡」），作爲東亞貿易據點。爾後鄭成功在臺南建立短暫的「鄭氏王朝」（一六六二—一六八三）。到了十七世紀晚期，臺灣被納入清帝國的版圖（一六八三—一八九五），可以說直到十九世紀末期爲止，臺南一直都是臺灣最

重要的政治經濟中心。一八九五年日本領臺，在臺北建立臺灣總督府，臺灣的權力中心從臺南轉移至臺北。即便如此，臺南的歷史文化底蘊深厚，仍是臺灣最古典的城市。

近年來隨著高鐵通車，古都臺南的傳統飲食吸引許多觀光客，當地有荷蘭人引進的食材（直接或間接），例如虱目魚與芒果，還有平埔族的飲食以及閩粵漢人從原鄉帶來的飲食習慣，不同的族群文化相互影響，最後發展出甚具地方特色的食物，包括擔仔麵、菜粽、肉粽、蝦卷、碗粿、米糕、清蒸肉圓與各式羹類。讀者或許會好奇，爲何臺南赫赫有名的現煮「牛肉湯」未見其中？如果我們查看「阿霞飯店」或「阿美飯店」等臺南老字號餐館，會發現並沒有「牛肉」這道菜餚。有趣的是，現在到臺南旅遊，「牛肉湯」卻成爲觀光客必嚐的「傳統」飲食之一，「臺南牛肉節」更成爲每年盛事，讓許多人誤以爲「牛肉」是臺南人的傳統飲食，實際上，若借用霍布斯邦（Eric Hobsbawn）等人的理論，「牛肉湯」是一種「被發明的傳統」（The invention of tradition）。[41]

「牛肉湯」何時成爲代表臺南的食物之一？據推斷應該是一九九〇年代中期，牛肉湯開始在臺南普及並隨著「牛肉節」的出現而成爲代表臺南的一道美食。誠如前文提到，傳統臺灣並無吃牛肉的文化，清代臺灣人的餐桌幾乎看不到牛肉，因爲牛隻肩負農耕的重責大任，同時也是運輸工具，因此清政府禁殺牛隻，一般百姓基於情感也不忍食用牛肉。然而，日本殖民政府來臺後，改變了臺灣人的飲食習慣，鼓勵臺灣人「學習」吃牛肉，不過當時牛肉數量有限且多在士紳階級消費，他們模仿日本知識份子以「牛肉鍋」（スキヤキ）的烹飪方式食用。二次戰後潮汕移民來到臺灣，帶來了以牛肉為主的「沙茶菜餚」（shacha cuisine），並在臺南地區形成甚具特色的飲食風情。

本節透過臺南士紳吳新榮（一九〇七—一九六七）的生活經驗察看臺灣人「牛肉」飲食的變化。吳新榮出生於日治時期，他是一位醫生、文學家，同時也是政治家，堪稱「斜槓青年」，代表了日本時代到戰後時期臺南的地方菁英。更珍貴的是，他留下了一九三三年九月四日至一九六七年三月十五日期間的日記，內容豐富，包括當時文人活動、醫病關係以及對時事的評論，同時也紀錄了常民的日常生活。[42]近年來吳新榮的研究相當重要，歷史學界透過其日記瞭解臺南地區士紳階級的日常生活，例如陳文松在《來去府城透透氣—一九三〇—一九六〇年代文青醫生吳新榮的日常娛樂三部曲》一書中，從日常生活史（everyday life）的視角探討吳新榮喜愛的三種娛樂活動：看電影、打麻雀（麻將）和下圍棋，從而瞭解當時知識份子從事的文化活動與政治意涵。[43]許宏彬在〈行醫營生—小鎮醫師吳新榮的醫業、實作與往診〉一文，從醫療市場的視角討論像吳新榮這樣的小鎮醫生，必須關心地方脈動，並且透過「往診」與病患家庭緊密互動，醫業方能長久。[44]另外，曾品滄從飲食史的角度，探討吳新榮等知識份子在品嚐「鋤燒」的同時，將自己與日本及西方文明接軌。[45]本文也是以吳新榮為研究對象，分析戰後在潮汕移民帶入沙茶牛肉後，吳新榮的飲食新體驗。

首先，我們查看吳新榮一九五〇年代的日記。在一九五五年十月二十四日的日記中，吳新榮提到他前往臺北參加臺灣省醫師公會，然後去「臺北市文獻委員會」商討臺南縣志事宜，友人招待他到「萬華市場」吃「汕頭牛肉」，可見戰後初期萬華已有汕頭牛肉的消費。[46]一九五八年十一月二十七日的日記寫道，吳新榮搭乘公路局汽車來到臺南市，與人商討即將在十二月舉辦的臺南縣市文物展覽會，之後與好友陳日三「同往夜市吃沙茶牛肉」，飯後去「大全成戲院」看日片。[47]陳日三經常出現在吳新榮的日記中，他是吳新榮的摯友，曾任職臺南縣文獻委員會編纂組，爾後從商，具文學長才，曾譯著日本民俗考古學者國分直一（一九〇八—二〇〇五）的著作〈四社平埔族的尪姨與作向〉與〈阿立祖巡禮記〉等文章。[48]

到了一九五九年，吳新榮記載關於「沙茶牛肉」的飲食經驗。當年一月二十九日，吳新榮去嘉義替女兒珠理辦理嫁妝，回到臺南已晚，與妻女三人飢腸轆轆，「我們就在寶美樓前圓環邊，吃過三人份的抄〔沙〕茶牛肉。這樣飯菜已便宜又好吃。中國人自有史以來就講究吃，又講究性，以致此兩方面，已不使其他民族追從。我們開了三十三元，各人鼓腹而歸。」[49] 相較於當時本省人甚少吃牛肉，作為士紳階級的吳新榮卻十分喜歡牛肉的滋味。文中出現的「寶美樓」是日本時代著名的臺灣料理店，一九三四年建於西門圓環的西南隅，這棟四層樓建築是臺南地標，直到一九七〇年代都是臺南士紳出入的場所。另一則日記寫道，該年十一月二十三日，吳新榮先參加「日本醫師會」武見會長的歡迎會，之後與好友陳日三同去夜市吃沙茶牛肉爐，然後再去「赤嵌戲院」看電影。[50]

吳新榮小檔案

吳新榮（一九〇七－一九六七）出生於臺南佳里，一九三二年從東京的醫學校畢業，回臺後除了行醫也積極參與政治，一九三九年成為佳里街協議員，戰後一九四六年成為參議員，一九四七年二二八事件時被捕入獄，一九五四年又因「李鹿案」受牽連入獄。吳新榮關懷鄉土，其作品多強調人與土地之間的連結，是「鹽分學派」的重要作家。臺南縣沿海的北門、將軍、學甲、佳里、七股、西港一帶土壤鹽分較多，俗稱「鹽分地帶」，當地發展出具有特色的文學風格。吳新榮致力於蒐集與編纂臺南地區的歷史文獻，對於「臺南文獻委員會」的營運以及《南瀛文獻》和《臺南縣誌稿》有重大貢獻。

到了一九六〇年代，吳新榮對於潮汕人傳來的「沙茶菜餚」愈趨熟悉，日記多處提到享用「沙茶牛肉」的經驗，其中幾則特別有趣。一九六〇年二月十日，吳新榮先去臺南「大明印刷局」查看《臺南縣志》的進度，接著與好友陳日三在夜市吃「沙茶牛肉」，再去「南都戲院」看電影。日記中寫道：「**雖然是禁屠日，外省人還有人【有】辦法，以新鮮的給我們吃。**」[51] 一九五九年發生「八七水災」，臺灣受害嚴重，政府爲了穩定物價，宣布從該年八月十二日至二十日禁止屠宰，爾後每週二、五爲「禁屠日」，倡導軍民厲行儉約，減少生活上的享受。禁屠令維持了一年八個月，直到一九六一年四月六日終止，然而，依據當時報紙社論，禁屠令並未嚴格執行，民間依舊有私販者。[52] 從吳新榮的日記來看，雖然政府有禁屠的相關規定，但「有辦法」的店家依舊能提供牛肉給顧客食用。

我們也發現生平橫跨日治與戰後時期的吳新榮，對於飲食的態度相當開放，同時接受日本的冷食與戰後潮汕移民帶來的熱炒熟食。一九六一年六月二十六日，吳新榮先去探病，然後與親友去夜市吃晚餐，他寫道「**我們所吃的還是沙茶牛肉爐及ニギリス【ズ】シ**」（按：握壽司）。[53] 甚至連元旦的家族聚餐（一九六四年），吳新榮與家人吃的是「**一東瀛式的スキヤキ（按：牛肉鍋），一嶺南式的砂【沙】茶牛鍋**」。[54]

從上述的日記經驗，我們可歸納幾項重點：第一，吳新榮雖然來自臺南鄉下的佳里小鎮，但曾經到日本求學，對於不同型態的飲食接受度甚高，可以在夜市的餐桌上同時吃冷食的「握壽司」與熱食的「炒沙茶牛肉」或是「沙茶牛肉爐」，反映出他個人對於新事物的開放態度（日治／戰後、冷食／熱食、日本／中國）。第二，相較於多數務農的本省家庭，吳新榮的飲食經驗具有現代性，願意品嚐牛肉，從日治時期象徵知識份子文明進步的「牛肉鍋」（スキヤキ），到戰後潮汕移民傳入臺灣的「沙茶菜餚」，包括炒沙茶牛肉和牛肉爐，吳新榮均欣然接受。第三，吳新榮從佳里來到臺南市，代表一種工作外的休閒表現，與朋友敘舊聯誼、觀賞日片與洋片，或在市區體驗新的飲食經驗。

潮汕老兵的新事業：小豪洲沙茶火鍋

本書第二章提及戰後潮汕人移居臺南，以「三山國王廟」為據點，秉持著「移民三把刀」（剪刀、菜刀與剃頭刀）的生存方式，開啓數量甚多的沙茶菜餚店家，其中以兩家商號最為著名，第一家是劉來欽的「牛頭牌」沙茶醬，其製作的沙茶醬揚名華人世界，透過罐頭容易保存的特性，將沙茶的滋味從臺灣帶到世界各地；第二家是大臺南地區知名度甚高的「小豪洲」沙茶火鍋。

許多人對於臺南的「小豪洲」沙茶火鍋相當熟悉，新舊店家各有特色，冬天時大家一起圍爐大啖牛肉，香醇味道令人難忘。不過，有些人會納悶「小豪洲」店名的由來，這個故事必須從創辦人陳木盛（一九一九—二〇〇二）說起。陳木盛是廣東汕頭人，「小豪洲」的店名來自陳木盛的叔叔陳豪洲。如同許多潮汕人一般，陳豪洲在一九三〇年代曾赴南洋工作，陳木盛也曾去新加坡探望叔叔，但卻沒有留在當地發展。叔姪兩人感情深厚，陳豪洲曾教導年少的陳木盛製作沙茶的方法，當時陳豪洲就對木盛說：「潮汕人不論去哪裡，都可以販賣沙茶維生，這個本領你要學起來！以後不怕餓肚子！」

「小豪洲」創業者陳木盛｜蔡育岱提供

「小豪洲」老闆娘蘇玉葉｜蔡育岱提供

「小豪洲」本店｜蔡育岱提供

陳木盛自新加坡探親回到汕頭不久，國共內戰爆發，兵荒馬亂之際，陳木盛意外成爲國民黨阿兵哥，隨部隊來到臺灣。來臺後的陳木盛因爲身材壯碩，反應敏捷，曾擔任蔣介石的侍衛兼司機。到了一九七〇年代，五十多歲的陳木盛從軍中退伍，正躊躇苦思如何維持生計，此時腦海閃過一個念頭，想到早年叔叔陳豪洲教導他製作沙茶醬，因此在臺南市中西區開了一間小吃店，專賣沙茶炒牛肉和沙茶牛肉爐，店名取名爲「小豪洲」，紀念叔叔的提攜之恩。[55]

「小豪洲」沙茶火鍋的發跡故事甚富傳奇色彩，陳木盛在五十五歲那年娶了來自高雄茄定的蘇玉葉（三十一歲，一九四一—），夫妻倆在今天臺南市中正路的小巷內成立「小豪洲」沙茶小吃。這個地區在清代被稱爲「五條港」，意指五條水路連結市區與舊運河。日本時代，該區屬於「末廣町」或被稱為「臺南銀座」，商業鼎盛，著名的「林百貨」和「日本勸業銀行臺南支店」就在附近。[56] 戰後日人離去，當地依舊繁榮，附近曾有綜合商場「中國城」（已拆除），「南都戲院」與「南臺戲院」，鄰近的「友愛街」早年是專賣舶來品的精品街。

「小豪洲」營業初期規模甚小，店內只有四張桌子，相當陽春。由於店面在「五條港」一帶，地勢低窪，每逢下大雨就會淹水，很多顧客均體驗過涉水吃沙茶牛肉爐的有趣景象。婚後第七年，邁入六十歲的陳木盛有感身體不佳，無法久站下廚炒菜，與妻子商量後決定改變生意型態，不再提供熱炒菜餚，只賣沙茶火鍋，而這樣的經營方式維持到今天。

目前「小豪洲」沙茶爐有中正總店與中山旗艦店兩家，創始店家位於中西區的中正路一三八巷十一號，走進臺南特有的曲折小徑，遠遠就聞到沙茶醬的香味，店家招牌寫著「廣東汕頭小豪洲沙茶爐」。店內擺設簡易但相當乾淨，看得出是相當有歷史的店家，圓桌上擺上一個瓦斯爐，一會兒端上的火鍋湯底顏色清淡，由扁魚、蝦米和蔬菜等高湯熬製而成，湯頭清爽回甘。至於牛肉則選用當地市場送來的「溫體牛肉」，牛肉擺盤上附有蔥花、小塊豆腐、切片番茄、花枝、魚丸與魚餃，都是沙茶牛肉爐的基本食材，之後再依據顧客喜愛，增添各式肉類與配料。小豪洲提供「臺灣牛肉」、新鮮水產（花枝、鮮蛤、鮮蝦與花枝漿）、各式餃類（燕餃、蛋餃與蝦餃等），也提供魚卷、魚丸、魚餃及魚冊等魚漿食品（多向臺南的潮汕同鄉購買）。小豪洲的沙茶醬遠近馳名，店家慎選優質食材親手炒製，包括花生粉、蒜頭、辣椒粉、蔥乾、黃豆油、沙拉油以及多種中藥材，不僅讓顧客於店家內大飽口福，也供外帶食用。至於新開的中山旗艦店，有兩層樓供食客消費，用餐環境比老店寬敞自在。

當年陳木盛匆忙離鄉，連向家人說再見的機會都沒有，他非常思念汕頭的人情事物，來臺後致力於潮汕同

陳木盛夫婦在「小豪洲」宴請潮州同鄉 ｜蔡育岱提供

鄉事宜。他與「牛頭牌」創始人劉來欽都是「臺南潮汕同鄉會」的重要成員，對於同鄉會的大小事情總是出錢出力，陳木盛曾擔任同鄉會第十五屆（一九八三－一九八五）和第十六屆理事長（一九八六－一九八八）。

總結來說，從戰後到今天，潮汕人為臺南帶來了新奇的沙茶菜餚（shacha cuisine）飲食體驗，同時也改變了當地的牛肉消費習慣。這些潮汕人創立的沙茶店家，雖然有些已歇業或易手他人，然而，可以確定的是，潮汕人帶來的沙茶滋味已經深入府城的日常生活。今天大家來到臺南，好吃的「沙茶牛肉爐」四處可見，例如「廣東汕頭火鍋」、「松大」

「臺南潮汕同鄉會」理事合影，左五為「小豪洲」創辦人陳木盛 ｜蔡育岱提供

1一九三〇年代廈門的餐館菜系大致分成「閩」、「粵」、「京」、「素」與「西」五種。「閩菜」爲廈門與福州人經營；「粵菜」由廣東人經營，部分餐館兼賣西餐；「京菜」較爲特殊，多由清眞教徒經營，牛肉爲主要肉品；「素菜」多由佛門子弟經營；「西菜」屬新興餐館。廈門工商廣告社，《廈門工商業大觀》（廈門：廈門工商廣告社，一九三二年），頁四四－四五。

2參閱葉春生、林倫倫，《潮汕民俗大典》（廣州：廣東人民出版社，二〇一〇年），頁五七、六三。廈門與潮汕食俗亦有相似處，也以「沙茶」調味，例如廈門「沙茶麵」十分著名。陳昱，《癡味、隱味：廈門－夢回道地原汁的閩南滋味》（臺北：精城資訊，二〇一一年），頁八－十三，六二－六三。

3訪談劉錦鶴女士（吳元勝媳婦），二〇一五年十一月十四日。

4臺北天后宮俗稱「西門町媽祖廟」。清乾隆時期興建「新興宮」，主祀天上聖母（媽祖）。一八九九年，日本眞言宗高野派來西門町設立布教所，一九一〇年改稱「新高野山弘法寺」，一九四三年因整修道路而拆除新興宮，媽祖神像移至「艋舺龍山寺」。一九四八年將龍山寺之媽祖神像請回，一九五二年改名「臺灣省天后宮」。參閱臺北天后宮石碑碑文。

5吳元勝婚後即前往廈門經營餐館，留下元配於汕頭。原配過世後，吳元勝在臺灣續弦柯金治女士。柯氏爲廈門人，在廈門接受基督教福音，二戰時前往香港避難，後再搭船來臺灣，航行途中遭美軍擊中，所幸一行十二人皆被救起。該船成員來臺後組成「福氣會」，定期聚會慶祝劫後餘生。柯金治嫁給吳元勝後，帶領全家及小叔吳英松一家信主，整個吳氏家族皆在艋舺長老教會崇拜，一九五〇年代臺灣基督長老教會進行「倍加運動」，新開拓許多教會，一九六〇年吳氏家族跟隨吳永華牧師到新創立之中央長老教會迄今。訪談吳信甫先生（吳永華牧師之子，曾任中央教會長老），二〇一六年一月二十七日。

6西門紅樓是日人近藤十郎設計，一九〇八年完工後稱爲「新起街市場八角堂」。由於西門町爲商場、食堂與戲院聚集地，在一九三〇年代被日人視爲大東亞共榮圈的娛樂樣板。戰後大批外省移民來臺，紅樓改爲表演京劇和話劇。一九六〇年代紅樓改爲電影院，播放武俠片和二輪西片，由於票價便宜且不清場，吸引許多年輕學子前往。一九八〇年代晚期臺北商業中心東移，紅樓逐漸沒落。參閱楊金嚴，〈西門市場重現風華坎坷路〉，《聯合報》二〇〇一年四月八日，十九版：臺北市文化基金會，西門紅樓，二〇一五年十一月二十二日檢索。http://www.redhouse.org.tw/Content/PublicContent.aspx?id=4242&subid=4269。

7 黃明家，〈都會透視鏡西門市場一頁滄桑〉，《聯合報》一九九六年一月十八日，二十版：王榮峯，〈「西門町」憶舊〉，《臺北文物》六卷四期（一九五八年），頁一一七－一一八；唐五，〈臺北市西門今昔〉，《臺灣風物》十七卷三期（一九六七年六月），頁七四－七七；郭中端、堀込憲二著，卞鳳奎譯，〈臺北市西門町今昔滄桑史話〉，《臺北文獻》一一一期（一九九五年三月），頁一一〇－一一三。

8 洪茗馨，〈老字號火鍋店寒冬送暖〉，《中國時報》一九九八年九月二十七日，十九版。

9 中國詩人聯誼會成立於一九五七年詩人節後，由紀弦、覃子豪、鐘鼎文、鍾雷、上官予、宋膺和左曙萍共同發起。紀弦，《紀弦回憶錄：第二部》（臺北：聯合文學出版社，二〇〇一年），頁八〇。鍾雷，〈紅樓賞月喫沙茶〉，《自立晚報》一九五九年十月三十一日，三版。

10 不著撰人，〈小燕三度得獎深慶意外光榮〉，《聯合報》一九六〇年四月十日，六版。

11 新利福州餐廳後改名爲「福州新利大雅餐廳」，位於臺北市峨嵋街五十二號七樓，參閱店家網址：http://www.shinli-daya.07168tw.net，檢索日期：二〇一五年十一月二十五日。

12 一九六一年吳藩俠與劉錦鶴結婚，夫妻同在「清香沙茶火鍋」工作，當時吳藩俠月薪約爲新臺幣五百元，劉錦鶴月薪約爲新臺幣三百元。劉錦鶴有十二位手足，大姊劉晴芳嫁給大稻埕茶葉大亨陳天來（一八七二－一九三九）的後人。

13 據「老西門沙火鍋」負責人吳振豪（吳藩俠三子）表示，當時切肉機主要有日本製和義大利製兩種，「元香」採用日本製機器。訪談吳振豪先生，二〇一五年十二月二十二日。

14 傅培梅，《五味八珍的歲月》（臺北：三友圖書有限公司，二〇一四年），頁一五一。

15 不著撰人，〈單口瓦斯爐多田公司有新式樣〉，《經濟日報》一九七一年九月十日，六版。

16 不著撰人，〈廠商參加工展產品接獲訂單很多〉，《經濟日報》一九七三年一月十六日，六版。

17 不著撰人，〈三用萬年瓦斯爐〉，《經濟日報》一九七四年十月二十五日，九版。

18訪談劉錦鶴女士（吳元勝媳婦），二〇一五年十一月十四日。陳飛龍，〈陳飛龍的品牌記憶　潮江燕找回舌尖上的記憶〉，《經濟日報》二〇一三年九月二十四日，B七版。

19世界少棒大賽（Little League World Series）創辦於一九四七年，每年八月在美國賓州中北部城市威廉波特（Williamsport）舉辦比賽，又稱爲「威廉波特少棒賽」。一九六九年八月，臺中市金龍少棒隊首度在第二十三屆世界少年棒球賽中榮獲世界冠軍，返國後受到民眾英雄式的歡迎。

20不著撰人，〈廣東元香沙茶館內部設施裝潢一新〉，《自立晚報》一九七六年十一月二十七日，三版。

21不著撰人，〈冬夜吃沙茶火鍋全家圍坐樂融融〉，《自立晚報》一九七三年十一月十七日，五版。

22青山，〈元旦假日好遊覽天氣寒冷吃沙茶〉，《自立晚報》一九七四年一月一日，六版。

23廖彬，〈廣東潮汕沙茶〉，《中央日報》一九七八年一月二日，十一版。

24趙妍如，〈自助火鍋城的城主—曾德一個捨棄無貝之才而取得有貝之材的人〉，《經濟日報》一九八一年一月十六日，十二版。

25參閱「帝一」店內的餐廳歷史沿革、臺北縣三芝國民小學校友會網站，檢索日期：二〇一五年十一月二十二日。http://w2.sces.ntpc.edu.tw/100/al-excellences_98_05.html。

26不著撰人，〈海園餐廳聘名廚掌廚〉，《經濟日報》一九六九年十二月三日，六版。

27一九七〇年代的「直線西餐廳」位於臺北市仁愛路二段六七號。不著撰人，〈直線西餐廳價廉物美即起增設沙茶火鍋臺菜宵夜〉，《自立晚報》一九七七年十一月五日，三版。

28有關高雄港的研究請參閱戴寶村，〈打狗的地理環境與歷史發展〉，收於黃俊傑主編，《高雄歷史與文化論集》第一輯（臺北市：財團法人陳中和翁慈善基金會，一九九四年），頁六一－九七；湯熙勇，〈戰後初期高雄港的整建與客貨運輸〉，收於黃俊傑主編，《高雄歷史與文化論集》第四輯（臺北市：財團法人陳中和翁慈善基金會，一九九七年），頁一三九－一八三；謝濬澤，〈從打狗到高雄：日治時期高雄港的興築與管理〉《臺灣文獻》六十二卷二期（二〇一一年六月），頁二一一－二四四。有關鹽埕區的發展，參閱松尾繁治，《高雄市制十周年略志》（高雄：高雄市役所，一九三四年），頁九九－一〇二；施建邦，〈高雄市鹽埕區建築史蹟調查研究〉，頁一－四五；杜劍鋒，《物換星移話鹽埕》（高雄：高雄市文獻委員會，二〇〇二年），頁四五－四八；盧韋帆，〈高雄市商業區的發展與空間變遷之研究（一九四五－一九九九）〉（桃園：國立中央大學歷史研究所碩士論文，二〇一二年）。

29「銀座」在今天的五福四路、七賢三路、新興街、大仁路圍成的街廓裡。施建邦，〈高雄市鹽埕區建築史蹟調查研究〉，《高市文獻》十三卷二期（二〇〇〇年四月），頁三四。

30林休謙等口述，陳延平、陳慕貞訪問，《港都酒吧街》（高雄：高雄市文獻委員會，二〇〇七年）。

31謝一麟、陳坤毅，《海埔十七番地：高雄大舞台戲院》（高雄市：高雄市政府文化局，二〇一二年），頁七一－七九。

32朱木鳴爲人海派，家裡和餐館經常高朋滿座，妻子朱吳秀午負責管帳。訪談朱瑋生老闆（「可香飯店」第二代店主），二〇一五年十一月二十日。

33訪談許惠琴女士（「天天沙茶牛肉」負責人）、吳金芒女士（許惠琴生母，曾任「天天沙茶牛肉」店員），二〇一五年十一月十九日與二十日。

34吳金芒（一九三六年生）是臺南將軍人，一九五二年從鄉下到高雄市鹽埕區工作。據說原本親戚要帶她來高雄學理髮，後來親戚的理髮店沒開成，恰好鄭鸞嬌的「天天沙茶」餐館需要人手，因此就去鄭鸞嬌的餐館工作。吳金芒後來結識從臺南北門來高雄工作的黃清水（一九三五－一九八七），育有一子二女。

35訪談許惠琴女士、吳金芒女士，二〇一五年十一月十九日與二十日。

36陳啓川（一八九九－一九九三）是高雄望族陳中和的六男，日本慶應義塾大學經濟部畢業後，前往香港大學就讀，回臺後擔任新興製糖取締役、陳中和物產及烏樹林製鹽會社取締役，亦擔任《興南新聞》和《高雄新聞》取締役，從一九三一年到一九三五年擔任高雄市協議會員。戰後連任兩屆高雄市長（一九六〇－一九六八），捐地創建高雄醫學院並長年擔任董事長，另經營南和興產公司、彰化銀行、高雄中小企銀、中國化學、臺灣水泥等事業。參閱興南新聞社，《臺灣人士鑑》（臺北：興南新聞社，一九四三年），頁二五九；戴寶村撰，許雪姬總策畫，《臺灣歷史辭典》（臺北：遠流出版社，二〇〇四年），頁八四四；林獻堂著；許雪姬等編註。「灌園先生日記 /1941-01-16」中央研究院臺灣史研究所臺灣日記知識庫，檢索日期：二〇一五年十一月十一日，http://taco.ith.sinica.edu.tw/tdk/ 灌園先生日記 /1941-01-16。有關陳中和家族歷史參閱戴寶村，〈陳中和與新興製糖株式會社之發展〉，《高雄歷史與文化論集》第三輯（臺北市：財團法人陳中和翁慈善基金會，一九九六年），頁七一－九〇。

37 訪談楊胤睿先生（「味味香」第二代店主），二〇一五年十一月十八日。

38 訪談蔡來珠女士（「廣東勝味沙茶牛肉爐」第二代業主）、何先立先生（第三代），二〇一五年十一月二十一日。

39 訪談洪振結先生（「泰山」第一代業主徐耀德的好友），二〇一五年十一月二十四日。

40 參閱杜劍鋒，《物換星移話鹽埕》（高雄：高雄市文獻委員會，二〇〇二年），頁九七－一〇八。

41 霍布斯邦（Eric Hobsbawm）、摩根（Prys Morgan）、崔姆路普（Hugh Trevor-Roper）著，陳思仁、潘宗億、洪靜宜、蕭道中、徐文路譯，《被發明的傳統》（*The Invention of Tradition*）（臺北：貓頭鷹出版社，二〇〇二年）。

42 吳新榮著，張良澤主編，《吳新榮日記全集》（臺南市：國立臺灣文學館，二〇〇七年）。

43 陳文松，《來去府城透透氣：一九三〇－一九六〇年代文青醫生吳新榮的日常娛樂三部曲》（臺北市：蔚藍文化出版，二〇一九年）。

44 許宏彬，〈行醫營生－小鎮醫師吳新榮的醫業、實作與往診〉《新史學》二十八卷四期（二〇一七年十二月），頁二九－一〇二。

45 曾品滄，〈日式料理在臺灣：鋤燒（スキヤキ）與臺灣智識階層的社會生活（一八九五－一九六〇年代）〉《臺灣史研究》二二卷四期（二〇一五年十二月），頁一－三四。

46 吳新榮著；張良澤總編撰。「吳新榮日記 /1955-10-28」，中央研究院臺灣史研究所臺灣日記知識庫，檢索日期：二〇一八年十一月十日，https://taco.ith.sinica.edu.tw/tdk/ 吳新榮日記 /1955-10-24。

47 吳新榮著；張良澤總編撰。「吳新榮日記 /1958-11-27」，中央研究院臺灣史研究所臺灣日記知識庫，檢索日期：二〇一八年十一月十日，https://taco.ith.sinica.edu.tw/tdk/ 吳新榮日記 /1958-11-27。

48 吳新榮著；張良澤總編撰。「吳新榮日記/1955-02-16」，中央研究院臺灣史研究所臺灣日記知識庫，檢索日期：二〇一八年十一月十日，https://taco.ith.sinica.edu.tw/tdk/吳新榮日記/1955-02-16。

49 吳新榮著；張良澤總編撰。「吳新榮日記/1959-01-29」，中央研究院臺灣史研究所臺灣日記知識庫，檢索日期：二〇一八年十一月十日，https://taco.ith.sinica.edu.tw/tdk/吳新榮日記/1959-01-29。

50 吳新榮著；張良澤總編撰。「吳新榮日記/1959-11-24」，中央研究院臺灣史研究所臺灣日記知識庫，檢索日期：二〇一八年十一月十日，https://taco.ith.sinica.edu.tw/tdk/吳新榮日記/1959-11-24。

51 吳新榮著；張良澤總編撰。「吳新榮日記/1960-02-10」，中央研究院臺灣史研究所臺灣日記知識庫，檢索日期：二〇一八年十一月十日，https://taco.ith.sinica.edu.tw/tdk/吳新榮日記/1960-02-10。

52 本報訊，〈全省今起禁屠八天　魚肉麵菜實施限價〉，《聯合報》一九五九年八月十二日，三版。〈社論　二五禁屠令的取消〉，《聯合報》一九六一年四月七日，二版。

53 吳新榮著；張良澤總編撰。「吳新榮日記/1961-07-01」，中央研究院臺灣史研究所臺灣日記知識庫，檢索日期：二〇一八年十一月十日，https://taco.ith.sinica.edu.tw/tdk/吳新榮日記/1961-07-01。

54 吳新榮著；張良澤總編撰。「吳新榮日記/1964-01-05」，中央研究院臺灣史研究所臺灣日記知識庫，檢索日期：二〇一八年十一月十日，https://taco.ith.sinica.edu.tw/tdk/吳新榮日記/1964-01-05。

55 訪談蘇玉葉女士（「小豪洲」創辦人陳木盛妻子），二〇一六年十二月八日。

56 何培齊編，《日治時期的臺南》（臺北市：國家圖書館，二〇〇七年），頁六八－七一。

Chapter 4

各具特色的沙茶店家

前文討論了戰後潮汕人來臺後，如何透過「沙茶菜餚」（shacha cuisine）改變臺灣人的飲食樣貌，討論區域以臺北、臺南與高雄為主。此外，臺灣其他地區也有甚具特色的沙茶店家，雖然在數量上不是很多，但經營方式與沙茶味道特殊，本節將討論基隆、新竹、臺中與屏東四個地區的沙茶店家。

一、「咖哩」與「沙茶」的交融：基隆特有的滋味

港口、海水的鹹味與綿綿細雨是基隆人熟悉的景象，數百年來這個海港見證了臺灣歷史的重要變遷，大航海時代西班牙人在基隆外的和平島上建立「聖薩爾瓦多城」（Fort San Salvador），荷蘭人將其易名為「北荷蘭城」（Fort Noord-Holland）。十九世紀晚期，英法聯軍之役後，臺灣多個港口陸續被開放為通商口岸，一八六二年淡水設立洋關，爾後基隆（一八六三）、打狗（一八六四）與安平（一八六五）也陸續開放為分關，基隆作為「淡水海關暨基隆支關」，登上世界貿易的舞臺。到了日治時期，殖民政府精心規劃，完成五期的築港工程並開通航運，基隆成為臺灣重要的貿易口岸，肩負載運貨物與旅客的使命。[1]

二次戰後許多日人遭遣返，從基隆登船離開臺灣，[2] 另一方面國民政府軍民從基隆上岸，來到這個陌生的島嶼。戰後的基隆隨著工商業發展，其飲食文化也為人津津樂道，例如「碧砂漁港」的新鮮海產遠近馳名，基隆廟口夜市已成為著名觀光景點。然而，基隆當地的「沙茶菜餚」也相當著名，相較於臺灣其他地方以「沙茶牛肉爐」著稱，基隆當地的「沙茶菜餚」則巧妙地與「咖哩」結合，創造出屬於基隆的特殊味道。

「咖哩」菜餚在當今臺灣社會相當普遍，雖然源自印度，但主要是在日本統治時期（一八九五—一九四五）透過「洋食」（ようしょく）系統傳到臺灣。時間回到十九世紀中期，隨著美國海軍將領培里（Matthew C. Perry）的叩關，西式飲食進入日本，Crosse & Black well（C&B）等英國公司生產的咖哩粉也傳入日本，成為咖哩菜餚的主要調味料。換言之，臺灣坊間常見的「日式咖哩」是英國版的咖哩，也就是添加了果泥與麵粉的溫和口味，而非辛辣的正宗印度咖哩。因此，在日本的飲食型態中，咖哩（カレー）被歸類為來自歐陸系統的「洋食」，如同牛排、蛋包飯和義大利麵等食物一般。日本領臺期間，咖哩隨著其他「洋食」傳入臺灣，在日本人與臺灣知識份子之間頗受歡迎，再加上基隆作為臺日海運交通的門戶，不少日人在此生活，恰巧基隆的氣候陰濕多雨，來點辛辣的咖哩確實開胃又健脾，久而久之，咖哩便自然地融入基隆當地的飲食生活中。

回到「沙茶」，老一輩的基隆人都知道要吃「沙茶菜餚」就要去復旦路，這裡有好幾家沙茶牛肉店，包括「廣東汕頭牛肉店」、「三德」沙茶牛羊肉店、「老林」沙茶牛肉店和「阿祿」沙茶牛羊肉，這些店家的特色是將「咖哩粉」加入沙茶菜餚一同烹調。以「廣東汕頭牛肉店」爲例，創業者林廣省來自汕頭，戰後隨國民政府來臺，退伍後在基隆安頓下來，初始在中華路上擺攤賣牛肉燉湯，後來靈機一動，將潮汕故鄉的特產「沙茶牛肉」與南洋盛行的「咖哩粉」一起烹調，端上餐桌後味道特別香濃，受到在地人喜愛。

「沙茶咖哩」的好味道很快地在基隆當地傳開來，特別是基隆港一帶聚集不少勞力密集的工人，包括煤炭工人、碼頭工人以及港區勞務人員。[3] 由於他們工作量極大，肚子容易飢餓，此時重口味的沙茶與咖哩拌著麵食與飯食，成爲他們非常喜愛的食物，再加上份量大以及價格親民，「廣東汕頭牛肉」的美味成爲勞工們用餐的首選。在第一代林廣省之後，第二代經營者是林燕山與王淑姿夫婦，目前已傳到第三代林慧萍與林啓昌姊弟。店內的招牌菜色是「沙茶芥藍牛肉」，以沙茶粉加上獨門配方咖哩粉，再與臺灣黃牛肉和芥藍一同快炒，滋味香濃，令人回味再三。[4]

由於餐飲業具有群聚效應，當「廣東汕頭牛肉」在復旦路打響名號後，不少人也來此開業，時間一久便形成基隆特殊的「沙茶牛肉一條街」。事實上，除了復旦路，基隆市區也有不少沙茶店家，例如一九六九年《聯合報》報導：「基隆市自春節以來，霪雨連綿，許多行業都受到影響，飲食業卻『一支獨秀』，尤其是經營火鍋和沙茶牛肉的商店特別多，因天氣寒冷，顧客大都需要熱騰騰的吃一頓，所以生意興隆。」[5]此外，一九七〇年代基隆仁三路也有一間「上林大衆沙茶火鍋」，除了供應沙茶飲食，也提供活跳蝦和活跳魚。[6]

復旦路「廣東汕頭牛肉店」｜曹銘宗提供

說起仁三路一帶，這裡以「奠濟宮」爲中心向外展開，是基隆當地的重要廟宇。最初由福建漳州人將原鄉「開漳聖王」的信仰帶來臺灣，十九世紀晚期，由地方仕紳集資加上板橋林本源家族捐地，「奠濟宮」於一八七五年興建完成，但是二次大戰期間曾遭美軍轟炸毀損，一九五七年重修後始有今日風貌。[7] 爾後眾多小吃攤聚集於此，形成著名的基隆廟口市集。誠如前文提及，基隆人似乎特別喜愛「咖哩」滋味，廟口除了販賣咖哩飯、咖哩炒麵和咖哩湯麵的店家，也有糕餅店鋪在內餡添加咖哩口味，甚至基隆居民包潤餅時，內餡高麗菜也要用咖哩先炒過。[8] 以基隆廟口小吃來說，有一間販賣「咖哩飯．鮮魚湯」的店家，從戰後初期開始營業，黃澄濃稠的咖哩醬搭配肉羹，再來一碗味噌湯或是現煮鮮魚湯，堪稱基隆在地的獨特吃法。[9] 廟口另外一家「滷排骨便當」，排骨先炸再滷，然後在滷汁裡添加咖哩，滋味十分特別。[10] 儘管基隆當地的沙茶餐飲業者多添加咖哩粉炒製，不過也有單純的沙茶小吃，例如仁愛區愛一路的「汕頭沙茶麵」（原「沙茶粿仔」），年輕老闆的外公就是廣東汕頭人，將道地的潮汕沙茶好滋味傳給新世代，沙茶味道香濃醇厚，麵條也十分有嚼勁。

不論是南洋的「咖哩」，或是汕頭的「沙茶」，對基隆人來說都是「外來醬料」，它們飄洋過海來到臺灣，在雨都基隆巧妙地融合，變成在地人共同的美味記憶。

「廣東汕頭牛肉店」獨特菜色：炒透抽乾＋豬肝＋豬肉｜曹銘宗提供

基隆汕頭烏龍麵拌沙茶牛肉汁｜曹銘宗提供

二、兄弟同心：新竹「西市汕頭館」的沙茶菜餚

提到新竹的飲食文化，許多人腦海浮現的是貢丸、米粉以及柿餅等，甚少會聯想到戰後潮汕人帶來的「沙茶菜餚」。不過，老一輩的新竹人都知道當地有一間名叫「西市汕頭館」的沙茶店家，創辦人黃友飄漂泊又傳奇的一生恰如其名，見證了大時代轉輪下奇妙的人生際遇。

黃友飄一九一六年出生在汕頭曲溪（現屬於揭東）的富商家庭，家族從事黃豆與糖類買賣，家中僅有兩個男孩，友飄是長子，乳名「述識」，從小備受寵愛，下有一幼弟。十六歲那年黃友飄結婚成家，喜好詩書的他並未接管家族事業，而是在當地擔任教職，過著安穩的生活。據親人回憶，黃家財力雄厚，友飄的新宅蓋了七年，非常講究，新屋落成後的酬神戲劇也長達一個月之久。

然而，如同多數潮汕人一樣，戰爭改變了黃友飄的命運。二次戰後又逢國共內戰，國民黨部隊節節敗退，來到潮汕一帶強抓青年充當兵員，黃家兄弟分頭躲藏，黃友飄即便躲在稻

田中也被找出，只好加入部隊，隨國民政府來到臺灣。

有別於一般兵員，文人出身的黃友飄學富五車，又寫得一手好字，很快地晉升為軍官，隨著部隊先後在基隆、臺北與宜蘭等地駐紮。雖然甚獲軍中長官賞識，但他深感戎馬生活非其長遠志向。有一回當部隊駐紮宜蘭時，黃友飄下定決心逃兵，白天他打零工換取飲食，夜晚躲藏山林裡。然而，他被國民黨部隊抓回了三次且關入牢籠內，最後是親友將他救出。為了躲避軍隊追捕，黃友飄只好改名為「黃克記」隱身於世，之後來到九份與金瓜石一帶當礦工，由於他外表英挺又讀過書，不久就與九份當地十八歲的臺灣姑娘莊素結為連理。[11]

換了身份的「黃克記」在臺灣展開新生活，然而，礦工收入微薄，難以維持一家生計，於是黃克記離開九份，來到新竹尋找機會。當他正躊躇要投入哪一行業，想到家鄉潮汕人自豪的沙茶飲食，因此來到新竹最熱鬧的城隍廟旁擺個小攤，取名為「廣東沙茶牛肉大王」，販賣「沙茶炒飯」等熱食。「新竹城隍廟」是三級古蹟，清乾隆十二年（一七四七）由淡水「同知」（相當於今天「縣長」）曾曰瑛倡議興建，並由竹塹當地王世傑家族捐地，隔年落成並列入官祀，期間歷經多次整修，現有建物是日本時代大正十三年（一九二四）由新竹仕紳鄭肇基募款重修。[12]「新竹城隍廟」如同其他地區的廟宇，成為人潮和小販聚集之地，自然也販售傳統地方美食（包括米粉、貢丸與肉圓）。

黃克記的沙茶商號很快地成爲城隍廟附近的知名店家，由於位在廟口「西門市場」內，因此將店名改成「西市汕頭館」。城隍廟口的「西門市場」設立於日本時代（一九三二年），一九五一年國民政府也在城隍廟口設立「中央市場」，均屬公有市場。[13] 戰後黃克記在西門市場經營一段時間後，隨著年事漸高，遂將「西市汕頭館」交棒給第二代，兄弟們經營有成，除了城隍廟老店，又在新竹市林森路開設第二家店面，後因租約到期遷至竹北，近年又在北大路開設第三家店面，成爲新竹最具代表性的沙茶家族事業。目前「西市汕頭館」在大新竹地區共有三家，第一家位於城隍廟西門市場西安街七〇號，標示新竹第一家總店，招牌上寫著生鮮火鍋、麵食炒菜與自製老牌沙茶醬；第二家位於竹北市光明六路一〇八號，此家門口以華人廟宇方式呈現，古色古香；第三家位於新竹市北大路一〇六號，樓高兩層，以寬敞舒適風格著稱。

黃家在沙茶餐館的經營方式非常特別，採取「分工不分家」策略，由四位兄弟加上大哥黃沛峰的兒子共五名男性合作經營，一個月之中撥出十天輪流在三家店面工作，剩下的二十天可經營自己的其他事業。每到製作沙茶醬的時候，兄弟齊聚一堂，分工合作。沙茶製作過程非常繁複，從選料、日曬、研磨、攪拌到大鍋炒，製作一次需耗時三天。除了兄弟同心協力之外，黃家也設立「公共基金制度」，強調黃家兄弟的團結。五名男性成員領取月薪，店內盈餘不分紅，轉做公共基金儲存，再由家族進行投資，這種經營方式在強調個人化的今日臺灣甚為罕見，可看出黃家兄弟間的手足情誼與凝聚力，身為領頭羊的大哥黃沛峰獲得兄弟親族的尊敬與認同。

黃克記家族經營的「西市汕頭館」沙茶菜餚種類非常豐富，「招牌肉類」包括「沙嗲芥藍牛肉」、

新竹「西市汕頭館」牛肉鍋｜曾齡儀拍攝

「沙嗲芥藍牛肝」、「沙嗲芥藍牛心」、「沙嗲芥藍花枝」與「沙嗲番茄牛肚」，再搭配「桔汁排骨」、「金沙排骨」與「椒鹽排骨」。其次，來自潮汕地區的黃家也不忘記家鄉菜，特別標示「家鄉特色料理」，菜餚種類包括「汕頭蠔烙」、「汕頭雞卷」、「汕頭五香肉」、「汕頭脆皮肥腸」與「潮汕小炒」等，推廣潮汕美食給臺灣顧客。此外，基於多角化經營的理念，店家也提供豆腐料理、青菜料理與海鮮料理等。至於火鍋類則有「沙

新竹「西市汕頭館」菜單｜曾齡儀拍攝

嗲海鮮鍋」、「沙嗲牛肉爐」、「沙嗲豬肉爐」、「沙嗲羊肉爐」、「沙嗲牛雜爐」、「汕頭砂鍋魚頭」以及「汕頭全雞牛鞭」等。店家也提供沙茶炒麵與炒飯、各式牛肉、魚丸湯以及牛肉盤。有趣的是，相較於臺南與高雄走清淡路線的「沙茶牛肉爐」湯頭，「西市汕頭館」的火鍋湯頭直接添加沙茶，嚐起來味道特別濃厚。

由潮汕人黃克記創立的「西市汕頭館」爲新竹地區的飲食文化帶來新風貌，原本以閩客爲主的飲食也加上潮汕人的沙茶風味。黃克記經營餐館有成，也提倡潮汕文化，曾經擔任「新竹潮汕同鄉會」理事長，致力於潮汕同鄉事務。從戰後隻身來臺到事業有成，黃克記的創業故事見證了近代臺灣歷史變遷動人的一頁。

三、炭爐古早味：臺中「汕頭牛肉劉」沙茶爐

今天臺中火車站附近的「東協廣場」（舊稱「第一廣場」），已經成爲東南亞移工的重要據點，舉凡餐飲聚會、娛樂活動或是採買日常用品皆相當便利。從「東協廣場」往對面舊

巷走去，巷內藏著一間遠近馳名的「汕頭牛肉劉」沙茶火鍋，遠遠望去炊煙裊裊，一到傍晚時分，生意興隆。日本時代臺中火車站一帶已經發展，戰後依舊熱鬧，商家林立。不過，一九八〇年代中山高速公路通車之後，商業中心西移，臺中舊市區逐漸沒落。隱身於巷內，從一九五七年開業至今的「汕頭牛肉劉」，見證了大臺中地區都市發展變遷，依舊是不少臺中人最喜愛的火鍋店。

從汕頭來到臺灣，甚至在此長住定居下來，這原本不是劉業波人生規劃的劇本。與大部分潮汕人一樣，劉業波也有一段軍旅生涯。一九四八年他加入「國民革命軍第六十三軍」，此部隊原是東北軍系，抗日勝利後進行整編，移師協防廣東與華中地區。一九四九年十一月，劉業波參加的這支軍隊在廣西戰役中失敗，國民黨再次重整第六十三軍，但在與共軍林彪奮戰的海南島戰役中再度失敗，連上的八十餘名弟兄，有的戰死沙場，有的被共軍俘虜，最後只剩二十名弟兄存活下來，搭上軍艦從海南島北部出發，經過五天航程抵達高雄港，來到了陌生的島嶼。

劉業波跟著軍隊先後駐紮於新竹、竹南、臺中與斗六等地，一九五六年部隊駐紮在「臺南砲兵學校」，劉業波因病退伍，領取了四百七十元退伍金。劉業波爲人重義氣，退伍後依舊照顧同袍，對於有困難的朋友都伸出援手，後來自己只剩下七十元，正思考未來該如何謀生之際，聽聞臺中市相當熱鬧，做個小生意應該前景看好，於是劉業波從臺南北上，來到臺中火車站前「綠川西街」一帶巷內，擺個小攤子賣麵，營業一陣子之後，決定改賣家鄉潮汕地區盛行的兩種食物：「沙茶」以及「牛肉」，並將店名取爲「汕頭牛肉劉」沙茶爐。[14]

小巷口的「汕頭牛肉劉」沙茶爐招牌｜曾齡儀拍攝

「汕頭牛肉劉」沙茶爐招牌｜曾齡儀拍攝

一九六〇至一九七〇年代是劉業波最風光的時期，狹窄巷內擺放了三十幾張桌子，每天需準備約八十斤的牛肉才夠，門庭若市。由於劉業波是退伍軍人，因此前來「牛肉劉」消費的榮民顧客非常多，也有駐紮於臺中清泉崗的美軍空軍顧問前來消費。劉業波也善待軍中退伍的袍澤，如果榮民弟兄遭遇經濟困難，就邀請他們來店裡幫忙，使其有所依靠，前後雇用了二十幾名榮民弟兄。到了一九六三年，正值四十來歲的劉業波經人介紹，與臺灣本省女子結爲連理。長子劉冠楠與次子劉冠梓從小耳濡目染，學到了父親製作沙茶醬以及炒沙茶牛肉的功夫。

「汕頭牛肉劉」成堆的酥炸豆皮
｜曾齡儀拍攝

「汕頭牛肉劉」爲人津津樂道的就是自家炒製的沙茶醬，劉家笑稱製作沙茶的食材有「四大金剛」和「十八羅漢」，「四大金剛」分別是胡椒、紅蔥頭、蒜頭與花生粉，「十八羅漢」包括十八種香料和中藥。透過這兩大類食材的烹製，劉家炒出來的沙茶滋味令人齒頰留香。

一九六〇年代開業初期，當時臺灣的瓦斯爐尚不普遍，炭火仍是許多家庭和餐飲業主要的燃料來源，劉家也採用炭爐火鍋烹飪，爾後瓦斯爐與電磁爐雖日益普遍，但「汕頭牛肉劉」依舊堅持使用炭爐火鍋，許多老顧客也認爲炭爐烹飪有獨特的滋味，店家堅持的傳統炭爐成爲「汕頭牛肉劉」沙茶爐的招牌特色。

「汕頭牛肉劉」的傳統炭爐
｜曾齡儀拍攝

「汕頭牛肉劉」對於牛肉品質相當要求，堅持採用現宰的新鮮牛肉，同時也提供牛心、牛肚與牛肝入饌。至於火鍋高湯則加入酥炸扁魚、大白菜與腐皮，而且與新竹「西市汕頭館」相似，湯頭內皆加入沙茶，味道濃郁芳香。火鍋周邊食材也十分多元，店家提供酥炸豆皮、各式丸類（魚丸、貢丸、燕丸、花枝丸、風味牛肉丸）、餃類（魚餃、蝦餃、蛋餃與燕餃）以及綜合臘味，包括臘味、肝腸和臘肉。有一道「廣式金銀肝」非常特別，外皮是豬肝薄片，內餡爲肥豬肉，蒸煮過後切成薄片，搭配蒜苗食用，特別適合當下酒菜。店裡也供應牛肚、牛筋等切盤，讓顧客有諸多選擇。[15] 每到秋風起，顧客就想去「汕頭牛肉劉」大啖沙茶牛肉，除了口味絕佳，炭爐火鍋散發暖烘烘的熱氣，身子整個暖和起來。

一九六〇至一九七〇年代，除了劉業波的「汕頭牛肉劉」提供「沙茶菜餚」之外，市區多家餐飲業者也提供沙茶菜餚。一九六六年《民聲日報》刊載「第四信用合作社」大樓地下室「東京大飯店」廣告，提供中菜、西餐與和食，「快餐」每份二十元，「定食」有三十元、四十元和五十元三種，並供應「牛肉沙茶」、「豬肉沙茶」與「雞肉沙茶」。[16] 一九六七年《民聲日報》報導位於「森玉戲院」南邊的「海龍王」餐廳（臺中第二市場附近）推出特製「海鮮沙茶」，並販賣各種沙茶便當。[17] 一九六八年位於中正路上的「石松食堂」，除了提供「標準的日本料理」，也提供「秋天的名菜、大衆口味的沙茶鍋」，並販賣石松食品加工部自行

臺中「汕頭牛肉劉」火鍋｜曾齡儀拍攝

生產的「沙茶醬」。[18]一九六九年東海戲院口的「臺中文藝館」，提供咖啡、餐點與「沙茶爐」。[19]從上文來看，一九六〇年代「沙茶菜餚」在臺中已有相當程度的發展，在日式餐館、中餐廳或者西式餐廳都可以品嚐到，成爲臺中市民的餐點選擇之一。

一九七〇年代「沙茶菜餚」的消費持續上升，報紙也出現更多相關廣告，例如一九七〇年二月，臺中市平等一街的「海仙餐廳」推出冬季補品，分別有「沙茶火鍋」（每份三十元）、麻油雞火鍋和高價位的「雞仔豬肚鱉」（每份一百二十元，屬於酒家手工菜餚）。[20]熱騰騰的「沙茶牛肉爐」確實在寒冷冬季特別受到歡迎，一九七一年十二月二十八日《民聲日報》刊載：

「冬天一到沙茶爐的生意極興隆，昨天天氣一轉

資料來源：《民聲日報》
1966 年 11 月 22 日，7 版。

資料來源：《民聲日報》
1968 年 9 月 16 日，4 版。

冷，凡是出售沙茶爐的食堂、食攤，生意興隆，寒冷時圍沙茶爐喝杯濃酒確實可增加身體溫暖。」[21]

從一九七〇年代的報紙廣告可以看到一個有趣現象，沙茶菜餚出現在很多日本料理店內，例如位於臺中市建國路「南北大飯店」內的附設餐廳「銀鍋」，除了提供日式料理，也供應「沙茶爐」，每份三十元。[22]另外，中山路的「一福堂百貨公司」，七、八樓的日本料理餐廳除了提供「壽喜燒」（スキヤキ）、「什錦火鍋」（寄せ鍋）、「鯛魚火鍋」（鯛ちり鍋）等日式料理，也提供「沙茶鍋」。[23]另外，韓國料理店也兼賣「沙茶火鍋」，興民街「森玉戲院」對面的

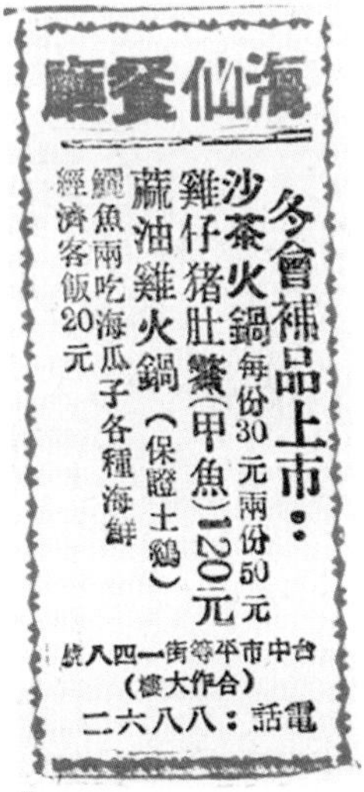

海仙餐廳
冬會補品上市：
沙茶火鍋每份30元兩份50元
雞仔豬肚鱉(甲魚)120元
蔴油雞火鍋(保證土雞)
鰻魚兩吃海瓜子各種海鮮
經濟客飯20元
台中市平等街一四八號
(合作大樓)
電話：八八六二

資料來源：《民聲日報》1970年2月18日，4版。

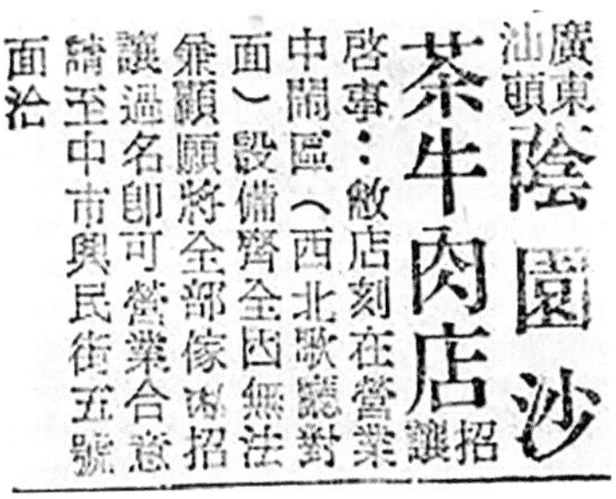

廣東汕頭 陰園沙茶牛肉店 招讓
啓事：敝店刻在營業中關區（西北歌廳對面）設備齊全因無法兼顧願將全部傢俬招讓過名即可營業合意請至中市興民街五號面洽

資料來源：《民聲日報》1971年1月24日，4版。

「漢城餐廳」，除了販售韓國烤肉，也提供「沙茶爐」（豬肉、牛肉、羊肉與雞肉），每客二十五元。[24]

綜觀一九六〇到一九七〇年代的報紙廣告，「沙茶菜餚」（shacha cuisine）已有相當程度的發展，除了像「汕頭牛肉劉」提供較爲專業的沙茶炒牛肉與沙茶牛肉爐之外，「沙茶爐」（包括牛肉、豬肉與羊肉）也在百貨公司、大飯店附設餐廳以及日本料理餐廳出現，這個現象在臺南和高雄較爲罕見。

到了一九八〇年代中期，商業發展加速，一棟棟商業大樓蓋了起來，各式飲食產業出現，傳統路邊攤形式難以競爭。有鑒於此，劉業波承租一間兩層樓店面，提供顧客更好的用餐環

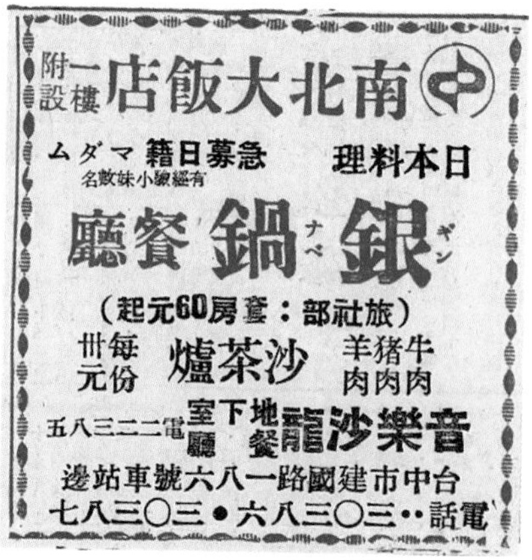

資料來源：《民聲日報》
1971年11月16日，4版。

資料來源：《民聲日報》
1970年12月20日，4版。

境，也就是今天「汕頭牛肉劉」現址。爾後隨著年事漸高，劉業波將事業交給兩個兒子，大兒子劉冠楠負責位於大墩十八街的店家，老店則由小兒子劉冠梓接手，繼續將父親的好滋味傳承下去。劉業波過世後，「汕頭牛肉劉」仍沿用炭爐煮火鍋的方式，劉家認爲炭火的「文火」最能將沙茶湯頭的香味釋放出來，這是父親對烹飪的堅持，也象徵劉家的薪火相傳。

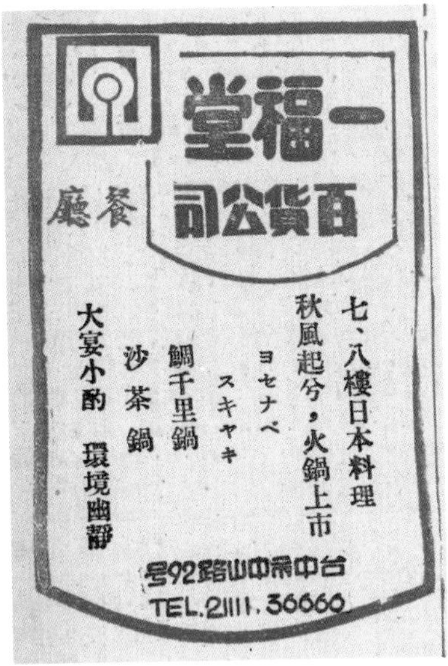

資料來源：《民聲日報》
1971 年 11 月 20 日，1 版。

四、國境之南的沙茶滋味：屏東「新園」沙茶火鍋

屏東位於國境之南，這裡有熱帶氣候的風情，也有豐富多元的族群文化。從「屏東火車站」出來往前走，很快地來到民族路與民權路交叉路尾的「屏東夜市」（又稱爲「民族路夜市」），此地匯集各色小吃，包括屏東肉圓、萬巒豬腳、鹹水鴨、魷魚焿、炒花枝與碗粿等，成爲本地人與外來遊客喜愛的美食景點。

「屏東夜市」一帶發展甚早，附近有歷史悠久的媽祖廟「慈鳳宮」，一七四六年（清乾隆十一年）由地方仕紳鄭麟鼎等人倡議興建，一八二五年（道光五年）再由郭先杜等人倡議重修，在原來的木造建築上砌磚牆與覆紅瓦，並命名爲「慈鳳宮」。二次大戰時期，「慈鳳宮」幸運地躲過美軍空襲，不過，一九八三年發生大火，眾多文物遭到焚毀，僅留下聖母金尊和石碑、石柱等文物，一九八八年才重修完成。[25]

日治時期的民族路夜市原是一片空地，爾後日本政府計畫在此設置「露店區」（ろてん，路邊攤商），但當地聚集了一些不良份子，日本難以進行整頓，因此商請臺灣人林石城擔

任「露店協會」理事長，進行管理與配給，逐漸形成了露店市集。林石城家族在屏東經營「慶記」洋行，他與妻子皆留學日本，戰後曾當選兩屆屏東縣議會議長、兩屆屏東縣長，以及臺灣省府委員、高雄縣代理縣長、臺灣產物保險公司董事長以及高雄硫酸錏公司董事長等職位，在屏東當地非常有影響力。[26] 戰後的民族路夜市一帶，延續日本時代的繁榮街景，成爲屏東市區餐飲商販聚集之地。我們若往夜市裡面走，有一條名爲「興市巷」的小巷子，長久以來被稱爲「火鍋巷」，因爲短短幾步路聚集了三間廣東汕頭沙茶火鍋店，被稱爲屏東火鍋三巨頭，分別是「隆賓」、「新園」和「佳家」，即使夏天也生意興隆，冬天更是一位難求！

「新園」沙茶火鍋創辦人－許岳禮全家福｜許應勇提供

南國熱帶氣候的屏東爲何會出現汕頭火鍋呢？以「新園」沙茶火鍋的家族故事來說，第一代創辦人許岳禮原本是汕頭的一名船員，爲了追求更好的工作機會，一九四七年渡海來到高雄「哈瑪星」從事報關行工作，之後輾轉來到屏東牛稠溪一帶從事牛皮革工作。一九四九年國共內戰造成兩岸分治，許岳禮回不了汕頭故鄉，一九五〇年代初期，他透過管道將高齡母親與幼弟接來臺灣團聚，但大弟因故留在汕頭，從此兄弟分隔兩地。[27]

許岳禮與母親和幼弟團圓後，在親人鼓勵下來到民族路與民權路交叉尾一帶開設小吃店，他想到家鄉普遍的沙茶飲食，於是專賣添加汕頭沙茶的「牛雜湯」，甚受顧客喜愛。生意逐漸步上軌道，一九五七年許岳禮決定擴張生意，販賣汕頭沙茶火鍋，開業之初苦思新店名稱，恰好當時屏東新園鄉的鄉長來用餐，鄉長提議乾脆取名「新園」好了，於是「新園汕頭火鍋」正式誕生，成爲兼具屏東地名與潮汕味道的汕頭牛肉爐店家。

「新園」汕頭火鍋開業初期的顧客以外省籍居多，因爲屏東地區有多個空軍和陸軍的軍事基地，日本時代屏東已建立數個機場，包括「屏東飛行場」、「東港水上飛行場」（大鵬灣）、「佳冬飛行場」、「潮州飛行場」和「恆春飛行場」。其中建於一九一九年，位於屏東市西北郊區的「屏東飛行場」戰略地位重要，後來分成南北兩機場，由日本陸軍航空部隊駐紮。

戰後國民政府來臺，繼續沿用屏東機場的優勢位置，一九五二年成立基地指揮部，「北機場」作爲噴射機演練之用，「南機場」由空運機使用。[28]戰後「陸軍空降特戰司令部」也在屏東市大武營設立「空降訓練中心」，作爲跳傘訓練基地，傘兵搭乘C－130軍機到「潮州空降場」進行跳傘演練，此外，屏東縣瑪家鄉涼山也有空特部的「涼山特勤隊」駐守。除了上述軍事機構，屏東市內也有多個軍事相關單位，例如中山路的「孫立人將軍行館」，其建築完成於一九三七年，日治時期作爲陸軍第三飛行團的官舍，到了戰後初期，孫立人將軍奉命至鳳山基地擔任旅軍訓練司令，以此作爲官邸直到「孫立人事件」的發生（一九五五年），爾後此地作爲空軍招待所，二〇〇二年被認定爲歷史建築。[29]上述軍事單位內有不少外省籍軍官與士兵，經常造訪「新園」汕頭火鍋店品嚐沙茶牛肉菜餚，補充體力。

除了軍事單位外，屏東糖廠也有不少「新園」沙茶牛肉爐的忠實顧客。屏東糖廠占地約一萬公頃，前身是日治時期「臺灣製糖株式會社阿緱製糖所」，創立於一九〇八年，由於產量極多，被譽爲「臺灣糖業的新高山」。戰後國民政府接收改制爲「臺灣糖業公司屏東糖廠」，由於潮汕人在原鄉就熟悉糖業事務，因此奉命接管日產糖廠的多爲潮汕人，他們又介紹同鄉進入糖廠工作，自然聚集了許多潮汕人士，他們也喜愛到「新園」品嚐潮汕家鄉的沙茶牛肉佳餚。

目前「新園」由第二代許應勇承襲父親衣缽，他笑稱「萬物皆可煮」，火鍋是最方便的料理方式，也適合大家聚餐聯誼。走進屏東夜市「興市巷」小巷內，「正宗廣東汕頭新園」的招牌映入眼簾，牆壁上列出各式肉類品名與價錢，包括來自美國的「霜降牛肉」、日本的「和牛」以及臺灣「本地牛肉」，其他肉類還有豬肉、羊肉與松阪豬肉。店內裝潢簡易明亮，隔著玻璃可以清楚看見老闆與員工正在處理肉類，刀法迅速俐落，環境整潔衛生。「新園」的火鍋湯頭與高雄以及臺南的牛肉爐相似，湯內有蝦米、扁魚與特製高湯，味道香甜。店內提供正宗美味的沙茶醬，還有豐富的配料，包括蔥花、蒜頭、洋蔥、辣椒以及「花生醬」，顧客皆可自行取用，其中「花生醬」是新園特殊之處，臺灣其他提供沙茶菜餚的店家配料中甚少單獨出現花生醬。

「新園」的火鍋配料採取自助式，由顧客自行至冷凍櫃挑選，最後再由店家依照盤子大小與顏色結帳，食材包括各式丸子（福州丸、花枝丸、香菇貢丸以及手工旗魚丸）、水產海鮮（蟹管肉、蚵仔、蝦、蝦球與墨魚漿）。較特別的是，「新園」提供其他沙茶火鍋店家罕見的「鹹菜腸仔」，這項傳統小菜包括豬小腸、鮮筍、鹹菜與紅蘿蔔等，先將食材切成條狀後再以葫蘆乾捆住，多用於煮湯食用，嚐起來味道非常特別，既有豬小腸的嚼勁，也有酸菜的甘味與竹筍的鮮味，紅蘿蔔的顏色也令人賞心悅目。

綜合來說，屏東市的飲食文化十分多元，除了潮汕移民的沙茶牛肉爐，其他外省移民也帶來豐富的飲食文化，尤以勝利路一帶最爲密集。[30] 屏東市的眷村超過二十個，空軍方面有大鵬七村、凌雲三村、崇禮新村、崇仁新村、崇武新村等；陸軍方面則有實踐八村、大同新村和勝利新村。大批軍眷人員來臺，帶來了家鄉的飲食特色，例如中正路「侯家滷味」的鹹水鴨相當出名；[31] 開封街「何家臘味」滋味醇厚；勝利路的「梁家北方道口燒雞」，以中藥材浸泡鮮雞再行滷漬，香氣濃郁；和平路上的「犁記冰糖醬鴨」也是空軍眷村媽媽的好味道！除了屏東市之外，屏東縣的飲食也非常豐富，例如萬丹的紅豆、潮州的牛肉菜餚以及東港的海鮮料理。

第二代許應勇年輕時在「新園」幫忙的照片｜許應勇提供

屏東市眷村一覽表

編號	眷村村名	村址	興建年代	興建單位	列管單位	改建後名稱
1	實踐八村	屏東市龍華里	一九四五	陸軍總部	陸軍第八軍團	崇武、大武新村
2	大同新村	屏東市永昌里	一九三五	日遺房舍	陸軍第八軍團	崇武、大武新村
3	勝利新村	屏東市勝利里	一九三五	日遺房舍	陸軍第八軍團	崇仁新村
4	崇德新村	屏東市北機里	一九五三	空軍總部	空軍總部	
5	慈恩六村	屏東市勝利路	一九七七	空軍總部	空軍總部	
6	慈恩十二村	屏東市慈恩七巷	一九八〇	空軍總部	空軍總部	
7	復興新城	屏東市復興南路二三二巷	一九八三	地方政府	空軍總部	
8	厚生里眷村	屏東市建國路正氣巷	一九五七	防砲部	空軍總部	

編號	眷村村名	村址	興建年代	興建單位	列管單位	改建後名稱
9	大鵬七村	屏東市鵬程里	一九六三	空軍總部	空軍總部	崇仁新村 大鵬七村 凌雲三村
10	凌雲三村	屏東市凌雲里	一九六三	空軍總部	空軍總部	崇仁新村 大鵬七村 凌雲三村
11	崇禮新村	屏東市永昌里	一九四八	空軍總部	空軍總部	崇仁新村
12	崇仁新村	屏東市空翔里	一九四九	空軍總部	空軍總部	崇武、大武新村 崇武、大武新村
13	崇武新村	屏東市崇武里	一九五四	空軍總部	空軍總部	崇武、大武新村
14	貿易東村	屏東市大鵬里	一九六三	空軍總部	空軍總部	崇仁國宅、崇仁新村
15	克難實踐村	屏東市仁愛里	一九五九	屏東醫院	空軍總部	崇武、大武新村
16	礦協東村	屏東市北興里	一九六一	空軍總部	空軍總部	崇仁新村
17	得勝新村	屏東市青島街	不詳	接收日產	空軍總部	崇仁新村

編號	眷村村名	村址	興建年代	興建單位	列管單位	改建後名稱
18	貿五西村	屏東市大鵬里	一九五三	空軍總部	空軍總部	崇仁國宅、崇仁新村
19	大武新村	屏東市復興南路	一九五五	空軍總部	空軍總部	崇武、大武新村
20	礦協西村	屏東市北興里	一九五一	空軍總部	空軍總部	崇仁新村
21	頭前溪村	屏東市清溪里	一九五七	陸高砲營	空軍總部	崇武、大武新村
22	忠愛新村	屏東市民族路	一九六四	空軍總部	空軍總部	崇仁新村

表4：郭冠麟主編，《從竹籬笆道高樓大廈的故事：國軍眷村發展史》（國防部史政編譯室，二〇〇五年），頁三八七－四三四，曾齡儀編輯製表。

1日本殖民政府對於基隆築港工程，參閱陳凱雯，《日治時期基隆築港之政策、推行與開展（一八九五－一九四五）》（臺北：秀威資訊，二〇一八年）。

2關於二次戰後日本人的遣返，參閱曾齡儀，〈推薦序－日本帝國的人群流動〉，華樂瑞著（Lori Watt），黃煜文譯，《當帝國回到家：戰後日本的遣返與重整》（新北：遠足文化，二〇一八年）。

3陳世一，《港都雞籠文化出航》（基隆：基隆市立文化中心，二〇〇三年），頁一二六－一二七。

4張源銘，〈牛肉菜餚口味獨特　老饕登門　林燕山火候控制佳　堅持一菜一鼎〉，《聯合報》二〇〇二年七月二十六日，十八版。

5楊玉盛，〈生活圈〉，《聯合報》一九六九年三月十八日，四版。

6本報訊，〈商場百景〉，《經濟日報》一九七一年九月三十日，九版。

7陳世一，《港都雞籠文化出航》（基隆：基隆市立文化中心，二〇〇三年），頁一九七－一九八。

8關於基隆在地的咖哩餐飲資訊，感謝曹銘宗先生熱心提供。

9周小仙，〈基隆廟口在地篇　基隆人最愛小吃〉，《聯合報》二〇〇八年五月十七日，B〇七版。

10吳淑君，〈在地人的大飯廳　基隆廟口　過年不打烊〉，《聯合晚報》二〇二〇年一月二十四日，A三版。

11訪談黃沛峰先生（「西市汕頭館」第二代業主），二〇一八年七月五日。

12張永堂總編纂，《續修新竹市志（上）卷首、土地志、住民志、政事志》（新竹：新竹市文化局，二〇〇五年），頁一八三－一八四。

13張永堂總編纂，《新竹市志　卷四　經濟志下》（新竹：新竹市文化局，一九九五年），頁六一七－六一八。

14訪談劉冠梓先生（「汕頭牛肉劉沙茶火鍋」第二代），二〇一八年七月六日。

15馬騰嶽，〈臺中牛肉劉　燒紅的那爐炭火〉，《中國時報》一九九一年十一月十八日，二十四版。金武鳳，〈汕頭牛肉劉沙茶爐　五十年傳統木炭爐〉，《聯合報》二〇〇四年十月三十一日，E二版。唐惠彥，〈老臺中深巷美味　木炭汕頭火鍋　逢甲商圈新開店　年輕族群開心吃〉，《民生報》二〇〇六年四月十九日，C七版。黃士驊，〈汕頭牛肉劉沙茶火鍋　傳統炭爐料理〉，《經濟日報》二〇〇六年五月十日，D三版。趙容萱，〈汕

頭牛肉劉火鍋　沙茶獨特〉，《聯合報》二〇〇九年十一月十八日，B一版。

16《民聲日報》一九六六年十一月二十二日，七版，廣告。

17《民聲日報》一九六七年十二月二十五日，八版，廣告。

18《民聲日報》一九六八年九月十六日，四版，廣告。《民聲日報》一九六八年十月十一日，四版，廣告。

19《民聲日報》一九六九年五月十九日，九版，廣告。

20《民聲日報》一九七〇年二月十八日，四版，廣告。

21不著撰人，〈氣溫驟降　冬意已濃　沙茶火鍋　生意鼎盛〉，《民聲日報》一九七一年十二月二十八日，四版。

22《民聲日報》一九七一年十一月十六日，四版，廣告。

23《民聲日報》一九七一年十一月二十日，一版，廣告。

24《民聲日報》一九七〇年十二月二十日，四版，廣告。

25古福祥纂修，《屏東縣志　卷一地理志》（屏東市：屏東縣文獻委員會，一九六六年），頁九六。屏東縣屏東市公所，財團法人屏東市聖帝廟慈鳳宮，二〇一九年十二月二日檢索。https://www.ptcg.gov.tw/News_Content.aspx?n=3DA57127AFB959E2&sms=5EA1912C5C50ADA1&s=80CBF4BAFC4B2499。

26屏東訊，〈八十春秋　話當年　林石城著書　引起關注〉，《中國時報》一九九一年四月十日，十四版。林石城，《八十春秋話當年》（臺中市：大功彩色印刷公司，一九九一年），頁十二－十五。陳淑娟等，《屏東市采風錄》（屏東：屏東市公所，二〇〇四年），頁一〇三。

27訪談許應勇先生（「新園」汕頭火鍋第二代），二〇一八年七月九日。

28古福祥纂修，《屏東縣志　卷四正事保安編》（屏東市：屏東縣文獻委員會，一九七一年），頁六八－六九。關於屏東地區的航空機場資訊，感謝曾令毅先生提供。

29屏東縣政府文化處，孫立人將軍行館，二〇一九年十二月二日檢索。https://www.cultural.pthg.gov.tw/p09_2.aspx?ID=21。

30劉盛興，〈屏東小吃　回味無窮〉，《民生報》一九九三年九月二十四日，三十八版。

31侯家滷味的創辦人侯志三來自廣東，一九五〇年與妻小落腳於屏東空軍基地附近，因妻子黃來利來自南京，熟悉金陵鹹水鴨風味，夫妻倆開始自製滷味販賣。第二代侯信仁、洪美新傳承家族美味，目前由第三代接手。林明德，〈屏東侯家滷味〉，《料理．臺灣》二二期（二〇一五年七月），頁一一六－一二二。郭漢辰，〈侯家滷味招牌鹽水鴨有宅配〉，《民生報》二〇〇五年六月二十五日，A八版。

Chapter 5

結語：戰後臺灣「沙茶菜餚」的社會文化意涵

飲食文化的發展反映人類生活與遷徙的過程，所有的飲食文化皆附著於人類活動之中，在形塑的過程各種飲食文化會彼此「攀附」、相互吸取養分，然後發展出不同樣貌。本書討論的「沙茶」也歷經上述過程，其前身是南洋的沙嗲（satay），由花生、南薑、蒜、辣椒、胡荽子、小茴香與眾多香料熬製而成，透過在南洋工作的華工傳到潮汕地區，爾後再歷經製法與食材內容的調整，搖身一變成爲「沙茶」，二戰之後再因爲歷史的偶然而傳入臺灣，形成了具有臺灣味的「沙茶菜餚」（shacha cuisine），包括沙茶粉、沙茶醬、炒沙茶牛肉以及沙茶牛肉爐等。本書討論的就是「沙茶菜餚」傳入臺灣的過程，以及沙茶對於臺灣社會環境和飲食文化所產生的各種變化。

本書討論的第一項重要議題是——「沙茶菜餚」改變了戰後臺灣的牛肉消費習慣。誠如前文述及，傳統臺灣社會因爲牛隻耕田，百姓憐憫其工作辛勞而甚少食用，戰後臺灣牛肉消費逐漸提升，一方面是從農業轉向工商業的社會轉型，農村青年往城市發展，人與牛之間的關係不如過去緊密，再加上機械化耕作，使得牛隻角色改變；另一方面，就在此時，潮汕人引進的「沙茶菜餚」恰好扮演一個媒介角色，由於沙茶（沙茶粉與沙茶醬）與牛肉相當對味，許多人透過「炒沙茶牛肉」與「沙茶牛肉爐」開始「學習」吃牛肉，再加上潮汕店家多在繁華鬧區，包括臺北西門町、臺中火車站商圈、臺南市區與高雄哈瑪星和鹽埕區等，吸引不少從鄉下來都市發展的青年前來消費，時間一久，禁食牛肉的食俗逐漸淡去。換言之，潮汕人帶來的「沙茶菜餚」改變了戰後臺灣的肉食文化，促進牛肉的消費。

本書的第二項重要議題是—「沙茶牛肉爐」提供一種非常特別的飲食型態。首先，就「沙茶牛肉爐」的湯頭來說，潮汕人使用大量的「扁魚」提味，符合華人以海味乾品（干貝、蝦米與扁魚等）製作高湯的方式，明顯有別於日本以「昆布」與「鰹節」（かつおぶし）製作高湯的傳統。清爽的扁魚湯頭搭配濃郁芬芳的沙茶醬，成爲令人難以忘懷的滋味。其次，「沙茶牛肉爐」適合衆人合桌共食，過去多爲男性顧客前往消費，一邊大啖牛肉，一邊喝酒划拳助興，形成一個充滿「男性氣概」（masculinity）的飲食空間，尤以一九六〇到一九八〇年代高雄市哈瑪星、鹽埕區一帶的沙茶店家爲最，這裡曾是南臺灣工商業最繁盛之地，港務人員、堀江商人、銀行職員、報關行業者和船員均在當地活動，潮汕人的「沙茶牛肉爐」恰好提供一個新的「飲食公共空間」（culinary public space），大家互相交換訊息。當然，「沙茶牛肉爐」的聚餐方式不限於商界聯誼，一般家庭聚餐也很合適，透過華人喜愛的圓桌圍爐，不同年齡的家族成員齊聚一堂，共享美食。再者，「沙茶牛肉爐」提供一種新的飲食方式，傳統臺灣社會是「飯菜系統」（吃飯配菜），但是牛肉爐卻以涮燙肉類（以牛肉爲主）並搭配魚餃、丸子、海鮮與青菜等方式呈現，跳脫了日常性飲食，帶給大家一種新的飲食體驗。此外，打一顆生蛋黃加入沙茶醬內攪拌，肉類蘸了蛋清後再放入火鍋內烹飪，這種吃法似乎也是「沙茶菜餚」帶給臺灣的飲食新體驗。

值得注意的是，從臺灣的飲食發展過程來看，「火鍋」似乎相當受到歡迎，不論是日治時期在臺灣知識份子之間流行的「鋤燒」（スキヤキ），或是戰後才出現的「汕頭沙茶火鍋」、「韓國石頭火鍋」、「東北酸菜白肉鍋」、「四川麻辣火鍋」以及近年來非常普及的「日式涮涮鍋」（しゃぶしゃぶ），無一不是源自於外地，卻在不同時期受到臺灣顧客的喜愛。或許正如前文所述，「吃火鍋」提供了一種飲食趣味性，多元的食材、動手烹飪的參與感，加上親友交誼飲食等公共空間的建立，皆使得「吃火鍋」在臺灣歷久不衰。

第三項重要議題是——「潮汕地域認同」。從同鄉會刊物或是報紙廣告等史料可看到，大部分提供「沙茶菜餚」的店家都會在店名冠上「廣東汕頭」，特別將地域名稱標示出來，商家也多遵循潮汕地區約定俗成的飲食規範，使用「香」字來命名，例如高雄的「味味香」和「可香」，臺南的「聚樂香」、「萬香園」、「集香」與「百味香」，還有臺北的「清香」和「元香」等。不過，根據口述訪談資料，我們也看到一個有趣的現象：來臺第一代潮汕移民具有較強烈的原鄉認同，他們積極參與同鄉會事務，同鄉之間聯繫緊密，甚至過世後也葬於同鄉會購置的墓園，並且在「沙茶菜餚」的烹製上多採潮汕原鄉作法。不過，隨著時代變遷與生活經驗的差異，與其強調潮汕的地域認同，潮汕移民的後代業主似乎更重視與臺灣在地飲食文化的融合，包括選用臺灣本地食材、調整沙茶爐湯頭以符合臺灣人口味等。換言之，如今臺灣的「沙茶菜餚」雖然源自於潮汕，但也發展出具有臺灣味的獨特樣貌。

本書討論的第四項重要議題是－「沙茶菜餚」店家發展出不同的經營型態。以臺北來說，因位居政治與經濟中心，潮汕移民的組成較爲多元，各行各業皆有，也有許多潮汕人在臺北開設餐館，提供正宗潮汕飲食、游水海鮮以及沙茶菜餚與宵夜等，餐飲型態較複雜與國際化。特別是臺北有旅泰華僑林國長雄厚的商業資本，不論是「臺北潮州同鄉會」的成立、「中泰賓館」的興建以及其他各種事業體，皆可看到其影響力。以臺中而言，潮汕人多在市區開業，提供道地的「沙茶菜餚」，從報章雜誌也可看到當地飯店、中西餐館，甚至是日本料理餐館也販售「沙茶菜餚」，呈現複合式經營。相較於此，臺南與高雄地區的店家，一方面沒有臺中的複合式經營，也不像臺北的餐館提供種類繁多的菜色，南臺灣的潮汕人專注於沙茶醬製作（例如臺南劉來欽的「牛頭牌沙茶醬」與高雄杜象的「赤牛牌沙茶醬」）以及販售單純的「沙茶菜餚」（「炒沙茶牛肉」與「沙茶牛肉爐」）。此外，基隆、新竹與屏東也發展出各具特色的沙茶店家，或許在菜餚品目與經營方式上有所差異，但皆扮演了推動「沙茶菜餚」普及化的角色。

第五項值得進一步思考的議題是—透過「沙茶菜餚」重新檢視戰後臺灣的飲食地圖。當我們提到「外省菜」，腦海浮現的是川菜、江浙菜、湘菜、粵菜與北方菜等，甚少將「潮州菜」歸類爲「外省菜」，或許是潮汕地區與閩南的地理位置、語言文化較爲相近，容易被歸類爲同一飲食區域。在此脈絡下，我們容易忽略潮汕菜餚的特殊性，而潮汕人傳來的「沙茶菜餚」，經過數十載，成功地融入臺灣的常民飲食中，致使許多人誤以爲沙茶是臺灣傳統的調味醬料。因此，藉由本書的討論，我們或許應該重新檢視戰後臺灣各菜系的界定與分類。

本書探討的「沙茶菜餚」是移民與飲食的故事，其研究成果可進一步與英文學界的食物研究（food study）進行對話，例如「雜碎」菜餚和「拉麵」的研究。誠如本書《導論》中提到，「雜碎」（Chop Suey）反映出十九世紀以降，廣東華人去到北美的生活發展以及飲食變遷，「美式中菜」（American Chinese cuisine）從早期充滿負面意象的菜餚，轉變成如今廣受喜愛的族群菜餚（ethnic cuisine）。[1]「拉麵」（ラーメン）最開始是旅日的中國移民販賣家鄉的「南京麵」（勞工階級的飲食），歷經戰後美援時代、速食麵的問世、都市化發展以及「去中國風」的過程，最後成爲代表日本的食物。[2]相較於此，本書透過「沙茶菜餚」

考察潮汕移民遷移來臺的過程，以及「沙茶」如何改變了臺灣餐桌上的味道與飲食型態。潮汕人將家鄉的「沙茶」傳入臺灣，扮演了飲食交流與創新的媒介（agency），這不僅是「移民」與「飲食」的故事，同時也是「外來」與「在地化」的過程。

今天在臺灣的超商賣場，「沙茶醬」隨處可見，街頭巷坊也有許多販賣「沙茶菜餚」的店家，「沙茶」不再被視爲南洋香料的組合，也不再是潮汕人專屬的醬料，「沙茶」已成爲臺灣人再熟悉不過的味道，融合爲臺灣飲食的一部分。

1 關於「美式中菜」的研究，參閱 Andrew Coe, *Chop Suey: A Cultural History of Chinese Food in the United States* (Oxford: Oxford University Press, 2009)，本書有中譯本，安德魯．柯伊著，高紫文譯，《雜碎：美國中餐文化史》（新北市：遠足文化，二〇一九年）。Yong Chen, *Chop Suey, USA: The Story of Chinese Food in America* (New York: Columbia University Press, 2014)，另可參考書評，郭忠豪，〈評 Chop Suey, USA〉，《中國飲食文化》十二卷二期（二〇一六年十月），頁一七三－一八一。Anne Mendelson, *Chow Chop Suey: Food and the Chinese American Journey* (New York: Columbia University Press, 2016). Haiming Liu, *From Canton Restaurants to Panda Express: A History of Chinese Food in the United States* (New Brunswick: Rutgers University Press, 2015). Bruce Makoto Arnold, Tanfer Emin Tunc, Raymond Douglas Chong eds., *Chop Suey and Sushi from Sea to Shining Sea: Chinese and Japanese Restaurants in the United States* (Fayetteville: University of Arkansas Press, 2018).

2 關於「拉麵」（ラーメン）的研究，參閱 Barak Kushner, *Slurp: A Social and Culinary History of Ramen: Japan's Favorite Noodle Soup* (Leiden: Boston: Global Oriental, 2012); George Solt, *The Untold History of Ramen: How Political Crisis in Japan Spawned a Global Food Craze* (Berkeley: The University of California Press, 2014)，本書有中譯本，喬治．索爾特著，李昕彥譯，《拉麵：一麵入魂的國民料理發展史》（新北市：八旗文化，二〇一六年），另有中文書評，郭忠豪，〈評 The Untold History of Ramen〉，《中國飲食文化》十二卷一期（二〇一六年四月），頁二七三－二七九。

附錄／參考書目

【引用書目（中文）】

1《中央日報》
2《民生報》
3《民聲日報》
4《自立晚報》
5《經濟日報》
6《聯合報》

1日宏煜、羅恩加，〈從「酵素」到「醬」：當代泰雅族飲食流變的文化地景〉《中國飲食文化》十四卷二期（二〇一八年十月），頁一七五－二一四。
2王珊富，〈飲食、地方與日常生活－從耕牛到牛肉的味覺轉化之物質與象徵向度〉（臺東：國立臺東大學區域政策與發展研究所碩士論文，二〇〇七年）。
3王榮峯，〈「西門町」憶舊〉，《臺北文物》六卷四期（一九五八年六月），頁一一七－一一八。
4古福祥纂修，《屏東縣志》（屏東市：屏東縣文獻委員會，一九六六年）。
5司冠中，〈臺灣最早最大的麵粉廠：南港僑泰興〉，《潮州文獻》（臺北：臺北市潮州同鄉會，一九七四年），頁三八－三九。
6皮國立，〈「食補」到「禁食」：從報刊看戰後臺灣的香肉文化史（一九四九－二〇〇一）〉，《中國飲食文化》十六卷一期（二〇二〇年四月），頁五五－一一四。

7 安德魯．柯伊著，高紫文譯，《雜碎：美國中餐文化史》（新北市：遠足文化，二〇一九年）。
8 何培齊編，《日治時期的臺南》（臺北：國家圖書館，二〇〇七年）。
9 何鳳嬌，〈第四章　製糖會社土地的接收與處理〉《戰後初期臺灣土地的接收與處理（一九四五－一九五二）》（臺北：國立政治大學史學研究所博士論文，二〇〇二年）。
10 余文華，《潮州菜與潮州筵席》（廣州：花城出版社，一九九九年）。
11 吳道一，《中廣四十年》（臺北：中國廣播公司，一九六八年）。
12 吳聰敏，〈一九四五－一九四九年國民政府對臺灣的經濟政策〉，《經濟論文叢刊》二五輯四期（一九九七年十二月），頁五二一－五五四。
13 呂實強，《丁日昌與自強運動》（臺北：中央研究院近代史研究所，一九七二年）。
14 李文環、蔡侑樺、黃于津、蔡佩蓉、佘健源合著，《高雄港都首部曲：哈瑪星》（高雄：高雄市政府文化局，二〇一五年）。
15 李志賢主編，《海外潮人的移民經驗》（新加坡：八方文化企業，二〇〇三年）。
16 李宜澤，〈「組裝」醬料的當代風土論述：以臺中地區發酵釀造工坊的生產網絡爲例〉，《中國飲食文化》十四卷二期（二〇一八年十月），頁七一－一二六。
17 杜劍鋒，《物換星移話鹽埕》（高雄：高雄市文獻委員會，二〇〇二年）。
18 周宗賢，〈臺灣會館的研究〉，《淡江學報》二四期（一九八六年四月），頁二三七－二五二。
19 周俊霖、許永河，《南瀛糖業誌》（臺南：臺南縣政府，二〇〇九年）。
20 林石城，《八十春秋話當年》（臺中市：大功彩色印刷公司，一九九一年）。
21 林休謙等口述，陳延平、陳慕貞訪問，《港都酒吧街》（高雄：高雄市文獻委員會，二〇〇七年）。
22 林明德，〈屏東侯家滷味〉，《料理．臺灣》二二期（二〇一五年七月），頁一一六－一二二。
23 林金城，〈肉骨茶起源考〉，收於張玉欣、周寧靜主編，《第十屆中華飲食文化學術研討會論文集》（臺北：財團法人中華飲食文化基金會，二〇〇八年），頁三九三－四〇三。

24 林貞標，《玩味潮汕》（廣州：中山大學出版社，二〇一六年）。
25 林衡道，〈臺灣世居住民的祖籍與神明〉，收錄於國學文獻館主編，《臺灣開闢史料學術論文集》（臺北：聯經書店，一九九六年）。
26 知中，《關於火鍋的一切特集》（北京：中信出版集團，二〇一九年）。
27 邱淵惠，《臺灣牛：影像、歷史、生活》（臺北：遠流出版，一九九七年）。
28 侯巧蕙，〈臺灣日治時期漢人飲食文化之變遷：以在地書寫爲探討核心〉（臺北：國立臺灣師範大學臺灣語文學系碩士論文，二〇一二年）。
29 哈用．勒巴克主編，《誠實、熱忱、公益：國防部福利事業管理處五十年處慶專輯》（臺北：國防部福利處，二〇一三年）。
30 哈洛德．馬基（Harold McGee）著，蔡承志譯，陳聖明審，《食物與廚藝：麵食、醬料、甜點、飲料》（*On Food and Cooking: The Science and Lore of the Kitchen*）（新北市：大家出版社，二〇一〇年）。
31 施建邦，〈高雄市鹽埕區建築史蹟調查研究〉，《高市文獻》十三卷二期（二〇〇〇年六月），頁一－四五。
32 紀弦，《紀弦回憶錄：第二部》（臺北：聯合文學出版社，二〇〇一年）。
33 唐五，〈臺北市西門町今昔〉，《臺灣風物》十七卷三期（一九六七年六月），頁七四－七七。
34 孫寅瑞，〈牛肉成爲臺灣漢人副食品的歷史觀察〉（桃園：國立中央大學歷史研究所碩士論文，二〇〇一年）。
35 徐海榮主編，《中國飲食史》（北京市：華夏出版社，一九九九年）。
36 馬均權，《馬均權經典食譜八百種》（臺北：臺灣商務，二〇〇六年）。
37 高雄市潮汕同鄉會，《會訊四》（高雄市：高雄市潮汕同鄉會，一九六五年）。
38 高雄縣文獻委員會，《高雄縣志稿　人民志》（高雄縣：高雄縣文獻委員會，一九六七年）。
39 張永堂總編纂，《新竹市志　卷四　經濟志下》（新竹：新竹市文化局，一九九五年）。
40 張永堂總編纂，《續修新竹市志（上）卷首、土地志、住民志、政事志》（新竹：新竹市文化局，二〇〇五年）。

41 張玉欣、周寧靜主編，《第十屆中華飲食文化學術研討會論文集》（臺北：財團法人中華飲食文化基金會，二〇〇八年）。
42 張果為，《浮生的經歷與見證》（臺北市：傳記文學雜誌社，一九八〇年）。
43 張展鴻、王迪安，〈鼓油小碟裡的香港：從生曬醬油到港製頭抽〉，收錄於《中國飲食文化》十四卷二期（二〇一八年十月），頁二一五－二三七。
44 張素玢，〈地方美食與臺灣肉品市場的供需關係：溪湖羊肉爐〉，《師大臺灣史學報》五期（二〇一二年十二月），頁四一－七〇。
45 張新民，《潮汕味道》（廣州：中國廣州暨南大學，二〇一二年）。
46 許宏彬，〈行醫營生－小鎮醫師吳新榮的醫業、實作與往診〉《新史學》二十八卷四期（二〇一七年十二月），頁二九－一〇二。
47 許淑娟，〈日治時代「新興高雄」的市街地發展〉，《高市文獻》十八卷四期（二〇〇五年十二月），頁一－二八。
48 許雪姬，〈臺灣中華總會館成立前的「臺灣華僑」，一八九五－一九二七〉，《中央研究院近代史研究所集刊》二十期（一九九一年六月），頁九九－一二九。
49 郭中端、堀込憲二著，卞鳳奎譯，〈臺北市西門町今昔滄桑史話〉，《臺北文獻》一一一期（一九九五年三月），頁一〇九－一一九。
50 郭忠豪，〈評 The Untold History of Ramen〉，《中國飲食文化》十二卷一期（二〇一六年四月），頁二七三－二七九。
51 郭忠豪，〈評 Chop Suey, USA〉，《中國飲食文化》十二卷二期（二〇一六年十月），頁一七三－一八一。
52 郭忠豪，〈評 Food Culture in Colonial Asia〉，《中國飲食文化》十四卷一期（二〇一八年四月），頁二一七－二二三。
53 陳友義，〈潮州人，福建祖〉《尋根》二〇一一年第四期（二〇一一年四月），頁一三五－一四一。

54 陳文松，《來去府城透透氣：一九三〇－一九六〇年代文青醫生吳新榮的日常娛樂三部曲》（臺北市：蔚藍文化出版，二〇一九年）。

55 陳世一，《港都雞籠文化出航》（基隆：基隆市立文化中心，二〇〇三年）。

56 陳建源，〈擺盪在傳統、記憶與食安之間：醬油觀光工廠裡的文化與身體經驗〉《中國飲食文化》十四卷二期（二〇一八年十月），頁十五－六九。

57 陳昱，《癡味．隱味－廈門：夢回道地原汁的閩南滋味》（臺北：精誠資訊，二〇一一年）。

58 陳淑娟等，《屏東市采風錄》（屏東：屏東市公所，二〇〇四年）。

59 陳凱雯，《日治時期基隆築港之政策、推行與開展（一八九五－一九四五）》（臺北：秀威資訊，二〇一八年）。

60 傅培梅，《五味八珍的歲月》（臺北：三友圖書有限公司，二〇一四年）。

61 傅培梅，《咖哩與沙茶醬：培梅速簡集一》（臺北：韜略出版，一九九八）。

62 喬治．索爾特著，李昕彥譯，《拉麵：一麵入魂的國民料理發展史》（新北：八旗文化，二〇一六年）。

63 曾品滄，〈日式料理在臺灣：鋤燒（スキヤキ）與臺灣智識階層的社群生活，一八九五－一九六〇年代〉，《臺灣史研究》二二卷四期（二〇一五年十二月），頁一－三四。

64 曾品滄，〈鄉土食和山水亭：戰爭期間「臺灣料理」的發展（一九三七－一九四五）〉，《中國飲食文化》九卷一期（二〇一三年四月），頁一一三－一五六。

65 曾齡儀，〈吳元勝家族與臺北沙茶火鍋業的變遷（一九五〇－一九八〇年代）〉，《中國飲食文化》十二卷一期（二〇一六年四月），頁五三－八九。

66 曾齡儀，〈移民與食物：二次戰後高雄地區的潮汕移民與沙茶牛肉爐〉，《師大臺灣史學報》八期（二〇一五年十二月），頁九三－一二八。

67 華樂瑞著，黃煜文譯，《當帝國回到家：戰後日本的遣返與重整》（新北：遠足文化，二〇一八年）。

68 湯熙勇，〈戰後初期高雄港的整建與客貨運輸〉，收於黃俊傑主編《高雄歷史與文化論集第四輯》（臺北市：財團法人陳中和翁慈善基金會，一九九七年），頁一三九－一八三。

69黃一龍，《潮陽縣志》十五卷，明隆慶刻本。
70黃于津，〈日治時期高雄市「哈瑪星」社會構成之研究〉（高雄：國立高雄師範大學臺灣歷史文化及語言研究所碩士論文，二〇一五年）。
71黃興宗著，李約瑟《中國科學技術史》第六卷〈生物學及相關技術〉第五分冊〈發酵與食品科學〉（北京：科學出版社、上海古籍出版社，二〇〇八年），頁二四三－三一八。
72楊玉姿、張守真，《哈瑪星的文化故事》（高雄：高雄市政府文化局，二〇〇四年）。
73葉春生、林倫倫，《潮汕民俗大典》（廣州：廣東人民出版社，二〇一〇年）。
74廈門工商廣告社，《廈門工商業大觀》（廈門：廈門工商廣告社，一九三二年）。
75賈思勰著，繆啓愉、繆桂龍譯註，《齊民要術》（上海：上海古籍出版社，二〇〇九年）。
76臺北天后宮石碑碑文。
77臺北市潮州同鄉會編輯印行，《潮州文獻》一卷至十卷（一九七四－一九八四年）。
78臺南市三山國王廟管理委員會，《臺南三山國王廟》（臺南：古都廣告印刷，二〇〇六年）。
79臺南市潮汕同鄉會，《臺南市潮汕同鄉會五十週年慶紀念特刊》（臺南：臺南市潮汕同鄉會，一九九九年）。
80臺灣銀行經濟研究室編，《臺東州采訪冊》（臺北：大通書局，一九八四年）。
81臺灣糖業公司編，《臺糖三十年發展史》（臺北：臺灣糖業公司，一九七六）。
82臺灣糖業公司編，《臺糖四十年》（臺南市：臺灣糖業股份有限公司，一九八七年）。
83劉百忠，〈臺灣光復接管臺糖先驅　張季熙一生奉獻糖業〉，《廣東文獻》三十二卷二期（二〇〇四年四月），頁十二－二〇。
84劉明祥，〈沙茶醬之父：劉來欽傳奇〉收錄於《鹽分地帶文化（III）》（臺南：財團法人漚汪人薪傳文化基金會，二〇〇三年），頁一三八－一四七。
85劉廣定，〈上海出版《科學月刊》中的學會史料：旅法「中化學會」與「中國生物科學學會」〉，《中華科技史學會學刊》十四期（二〇一〇年七月），頁二八－三四。

86 潮汕歷史文化研究中心編，余文華著，《潮州菜與潮州筵席》（廣州：花城出版社，一九九九年）。

87 蔡志祥，〈企業、歷史記憶與社會想像：乾泰隆與黌利〉，《潮學研究》十三卷（二〇〇六年），頁一五八—一七四。

88 鄭肇祺，〈防腐與提鮮：地方文化協會與醬園的討論及實踐〉，《中國飲食文化》十四卷二期（二〇一八年十月），頁一二七—一七三。

89 盧韋帆，〈高雄市商業區的發展與空間變遷之研究（一九四五—一九九九）〉（桃園：國立中央大學歷史研究所碩士論文，二〇一二年）。

90 興南新聞社，《臺灣人士鑑》（臺北：興南新聞社，一九四三年）。

91 霍布斯邦（Eric Hobsbawm）、摩根（Prys Morgan）、崔姆路普（Hugh Trevor-Roper）著，陳思仁、潘宗億、洪靜宜、蕭道中、徐文路譯，《被發明的傳統》（*The Invention of Tradition*）（臺北：貓頭鷹出版社，二〇〇二年）。

92 戴寶村，〈打狗的地理環境與歷史發展〉，收於黃俊傑主編《高雄歷史與文化論集第一輯》（臺北：財團法人陳中和翁慈善基金會，一九九四年），頁六一—九七。

93 戴寶村，〈近代臺灣港口市鎮之發展：清末至日據時期〉（臺北：國立臺灣師範大學歷史研究所博士論文，一九八七年）。

94 戴寶村，〈陳中和與新興製糖株式會社之發展〉，收於黃俊傑主編《高雄歷史與文化論集第三輯》（臺北：財團法人陳中和翁慈善基金會，一九九六年），頁七一—九〇。

95 戴寶村撰，許雪姬總策畫，《臺灣歷史辭典》（臺北：遠流出版社，二〇〇四年）。

96 謝一麟、陳坤毅，《海埔十七番地：高雄大舞台戲院》（高雄：高雄市政府文化局，二〇一二年）。

97 謝紀康，〈丁日昌對臺灣防務的探討：以電報等洋務建設爲例〉，《育達科大學報》二三期（二〇一〇年三月），頁六五—八八。

98 謝濬澤，〈國家與港口發展：高雄港的建構與管理，一八九五—一九七五〉（南投：國立暨南國際大學歷史學系碩士論文，二〇〇八年）。
99 蘇恆安，〈跨界「混融」：岡山羊肉飲食文化的建構與再現〉，《中國飲食文化》九卷一期（二〇一三年四月），頁一九五—二三八。

【引用書目（日文）】

1 三浦淺吉，《臺灣の畜產附臺灣畜產統計》（臺北：臺灣農友會，一九二九年）。
2 大島金太郎，《臺灣總督府中央研究所　農業部報告第二十一號歐洲家牛ト印度系犎牛特ニ臺灣黃牛トノ雜種ニ就テ》（臺北：臺灣總督府中央研究所，一九二七年）。
3 不著撰人，〈支那料理の名稱及定價〉，《臺灣慣習記事》五卷五期（一九〇五年五月），頁六三—六八。
4 寺田日吉，〈熱地に於ける畜牛肥育に就て〉《臺灣農友會》六號（一九四一年六月），頁四七七—四九三。
5 西岡英夫，〈本島人中學生の學寮生活〉，《臺灣教育會雜誌》一六六號（一九一六年三月），頁四七—五一。
6 佐倉孫山，《臺風雜記　臺灣文獻史料叢刊九》（臺北：臺灣大通書局，一九八七年）。
7 杉田浩一、石毛直道編，《調理の文化》（東京：ドメス出版，一九九五年第三刷）。
8 里斯（Ludwig Riess）著，吉國藤吉譯，《臺灣島史》（東京：冨山房，一八九八年）。
9 東方孝義，《臺灣習俗》（臺北：南天書局，一九九七年）。
10 松尾繁治，《高雄市制十周年略志》（高雄：高雄市役所，一九三四年）。
11 原田信男，《歷史のなかの米と肉：食物と天皇・差別》（東京：平凡社，二〇〇五年）。
12 葛野淺太郎、吉富秀雄，〈臺灣總督府中央研究所農業部彙報第百二十三號 印度牛及臺灣牛の繁殖に関する二三の性に就て〉，《臺灣之畜產》四卷九期（一九三六年九月），頁二五—二六。

13臺灣畜產會，〈各地畜產品評會情報〉，《臺灣之畜產》三卷一期（一九三六年二月），頁三三。

14臺灣畜產會，〈畜牛肥育試驗〉，《臺灣之畜產》一卷二期（一九三三年二月），頁六六－六八。

15臺灣畜產會，〈第二回臺南州畜產會主催畜牛增殖競技會褒賞授與式〉，《臺灣畜產會彙報》五卷十一期（一九四二年十一月），頁一三五－一四五。

16臺灣畜產會，〈新竹州苗栗郡畜產組合主催第二回肉牛品評會〉，《臺灣之畜產》四卷一期（一九三六年一月），頁一四－一六。

17臺灣畜產會，〈臺灣の畜產概況第一章第二節〉，《臺灣之畜產》三卷十期（一九三五年十月），頁九－一六。

18臺灣慣習研究會，〈支那料理の名稱及定價〉，《臺灣慣習記事》五卷五期（一九〇五年五月），頁六三－六八。

19臺灣總督府，《公學校用國語讀本》（臺北：南天書局，二〇〇三年）。

20磯部賢治，〈味噌－伝統からの贈り物〉，《表面と眞空》六二卷六號（二〇一九年六月），頁三七七－三七九。

【引用書目（英文）】

1 Aronld, Bruce Makoto, Tunc, Tanfer Emin, Chong, Raymond Douglas eds. *Chop Suey and Sushi from Sea to Shining Sea: Chinese and Japanese Restaurants in the United States* (Fayetteville: University of Arkansas Press, 2018).

2 Chen, Young. *Chop Suey, USA: The Story of Chinese Food in America* (New York: Columbia University Press2014).

3 Choi, Chi-cheung. "Rice, Treaty Ports and the Chaozhou Chinese Lianhao Associate Companies: Construction of a South China-Hong Kong-Southeast Asia Commodity Network, 1850s-1930s" in Lin Yu-ju and Madeleine Zelin eds. *Merchants Communities in Asia, 1600-1980* (London: Pickering & Chatto Ltd, 2015), pp. 53-77.

4 Coe, Andrew. *Chop Suey: A Cultural History of Chinese Food in the United States* (Oxford: Oxford University Press, 2009).

5 King, Michelle T. "The Julia Child of Chinese Cooking, or the Fu Pei-mei of French Food?: Comparative Contexts of Female Culinary Celebrity" in *Gastronomica* 18.1 (February 2018): 15-26.

6 Kushner, Barak. *Slurp: A Social and Culinary History of Ramen: Japan's Favorite Noodle Soup* (Leiden: Boston: Global Oriental, 2012).

7 Laudan, Rachel. *Cuisine and Empire: Cooking in World History* (Berkeley: The University of California Press, 2015).

8 Leong-Salobir, Cecilia. *Food Culture in Colonial Asia: A Taste of Empire* (London: Routledge, 2011).

9 Liu, Haiming, *From Canton Restaurants to Panda Express: A History of Chinese Food in the United States* (New Brunswick: Rutgers University Press, 2015).

10 Mendelson, Anne. *Chow Chop Suey: Food and the Chinese American Journey* (New York: Columbia University Press, 2016).

11 Owen, Sri. *Indonesian Regional Food and Cookery* (London: Frances Lincoln Publishers Ltd.,1999).

12 Solt, George. *The Untold History of Ramen: How Political Crisis in Japan Spawned a Global Food Craze* (Berkeley: The University of California Press, 2014).

13 Swislocki, Mark. *Culinary Nostalgia: Regional Food Culture and the Urban Experience in Shanghai* (California: Stanford University Press, 2009).

14 Tebben, Maryann. *Sauces: A Global History* (London: Reaktion Books Ltd, 2014).

15 Tseng, Lin-yi."An accidental journey: sha-cha sauce and beef consumption in Tainan since 1949," *Social Transformations in Chinese Societies*, Volume 14 Issue 2, December 2019.

16 Watt, Lori. *When Empire Comes Home: Repatriation and Reintegration in Postwar Japan* (Cambridge: Harvard University Press, 2009).

【網路資源】

1 吳新榮著：張良澤總編撰。「吳新榮日記」，中央研究院臺灣史研究所臺灣日記知識庫，二〇一八年十一月十日檢索，https://taco.ith.sinica.edu.tw/tdk/ 吳新榮日記。

2 林獻堂著：許雪姬等編註。「灌園先生日記」，中央研究院臺灣史研究所臺灣日記知識庫，二〇一五年十一月十一日檢索，http://taco.ith.sinica.edu.tw/tdk/ 灌園先生日記。

3 林太崴撰，矮仔財，臺灣大百科全書，二〇一五年十一月二十七日檢索，http://nrch.culture.tw/twpedia.aspx?id=19504。

4 屏東縣屏東市公所官網，財團法人屏東市聖帝廟慈鳳宮，二〇一九年十二月二日檢索，https://www.ptcg.gov.tw/News_Content.aspx?n=3DA57127AFB959E2&sms=5EA1912C5C50ADA1&s=80CBF4BAFC4B2499。

5 屏東縣政府文化處，孫立人將軍行館，二〇一九年十二月二日檢索，https://www.cultural.pthg.gov.tw/p09_2.aspx?ID=21。

6 財團法人金門酒廠胡璉文化藝術基金會，二〇一五年十一月二十七日檢索。

7 國家電影及視聽文化中心，開放博物館，《黃帝子孫》演職員合照，二〇二〇年九月二十二日檢索，https://tfi.openmuseum.tw/muse/digi_object/74b388a3cf53c842a91697dbd736441b。

8 福州新利大雅餐廳，二〇一五年十一月二十五日檢索，http://www.shinli-daya.07168tw.net。

9 臺北市文化基金會，西門紅樓，二〇一五年十一月二十二日檢索，http://www.redhouse.org.tw/Content/PublicContent.aspx?id=4242&subid=4269。

10 臺北縣三芝國民小學校友會，二〇一五年十一月二十二日檢索，http://w2.sces.ntpc.edu.tw/100/al-excellences_98_05.html。

11 臺南市議政史料館，臺南市歷屆議員名錄，二〇二〇年九月二十二日檢索，http://www.tncchistory.com.tw/portfolio/portfolio_old.html。

【口述訪談】

1. 曾齡儀訪問、紀錄，〈朱瑋生先生訪問記錄稿〉，未刊稿，二〇一五年十一月二十日。
2. 曾齡儀訪問、紀錄，〈何先立先生訪問記錄稿〉，未刊稿，二〇一五年十一月二十一日。
3. 曾齡儀訪問、紀錄，〈吳金芒女士訪問記錄稿〉，未刊稿，二〇一五年十一月二十日。
4. 曾齡儀訪問、紀錄，〈吳信甫先生訪問紀錄稿〉，未刊稿，二〇一六年一月二十七日，電訪。
5. 曾齡儀訪問、紀錄，〈吳振豪先生訪問記錄〉，未刊稿，二〇一五年十二月二十二日。
6. 曾齡儀訪問、紀錄，〈吳錦足女士訪問記錄稿〉，未刊稿，二〇一五年十二月十日。
7. 曾齡儀訪問、紀錄，〈林超先生訪問紀錄稿〉，未刊稿，二〇二〇年二月二十四日。
8. 曾齡儀訪問、紀錄，〈洪振結先生訪問記錄稿〉，未刊稿，二〇一五年十一月二十四日，視訊。
9. 曾齡儀訪問、紀錄，〈徐志良先生、倪佩君女士訪問記錄稿〉，未刊稿，二〇一五年十一月二十四日，視訊。
10. 曾齡儀訪問、紀錄，〈許惠琴女士訪問記錄稿〉，未刊稿，二〇一五年十一月十九日、二十日。
11. 曾齡儀訪問、紀錄，〈許長泉先生訪問記錄稿〉，未刊稿，二〇一九年二月二十四日。
12. 曾齡儀訪問、紀錄，〈施良貴先生訪問記錄稿〉，未刊稿，二〇一九年五月七日。
13. 曾齡儀訪問、紀錄，〈許應勇先生訪問記錄稿〉，未刊稿，二〇一八年七月九日。
14. 曾齡儀訪問、紀錄，〈陳成清先生訪問記錄稿〉，未刊稿，二〇一五年十一月十九日。
15. 曾齡儀訪問、紀錄，〈黃沛峰先生訪問記錄稿〉，未刊稿，二〇一八年七月五日。
16. 曾齡儀訪問、紀錄，〈楊胤睿先生訪問記錄稿〉，未刊稿，二〇一五年十一月十八日。
17. 曾齡儀訪問、紀錄，〈劉冠梓先生訪問記錄稿〉，未刊稿，二〇一八年七月六日。
18. 曾齡儀訪問、紀錄，〈劉貞秀女士訪問紀錄稿〉，未刊稿，二〇一六年十二月八日。
19. 曾齡儀訪問、紀錄，〈劉錦鶴女士訪問紀錄稿〉，未刊稿，二〇一五年十一月十四日。
20. 曾齡儀訪問、紀錄，〈蔡來珠女士訪問記錄稿〉，未刊稿，二〇一五年十一月二十一日。

21 曾齡儀訪問、紀錄，〈鄭榮生先生訪問記錄稿〉，未刊稿，二〇一五年十一月十九日。
22 曾齡儀訪問、紀錄，〈蘇玉葉女士訪問紀錄稿〉，未刊稿，二〇一六年十二月八日。

國家圖書館出版品預行編目 (CIP) 資料

沙茶 : 戰後潮汕移民與臺灣飲食變遷 / 曾齡儀著 .
-- 初版 . -- 臺北市 : 前衛 , 2020.10
面 ; 公分
ISBN 978-957-801-922-5（平裝）
1. 調味品 2. 飲食風俗 3. 歷史 4. 臺灣
538.7833 109015408

沙茶

——戰後潮汕移民與臺灣飲食變遷

作　　者 曾齡儀
責任編輯 楊佩穎
校　　對 曾齡儀、楊佩穎
美術設計 蕭旭芳
內頁排版 王藝君

出 版 者 前衛出版社
地　　址 10468 台北市中山區農安街 153 號 4 樓之 3
電　　話 02-25865708｜傳　　真 02-25863758
郵撥帳號 05625551
購書・業務信箱 a4791@ms15.hinet.net
投稿・編輯信箱 avanguardbook@gmail.com
官方網站 http://www.avanguard.com.tw

出版總監 林文欽
法律顧問 陽光百合律師事務所
總 經 銷 紅螞蟻圖書有限公司
地　　址 11494 台北市內湖區舊宗路二段 121 巷 19 號
電　　話 02-27953656｜傳　　真 02-27954100

出版日期 2020 年 10 月初版一刷
　　　　 2022 年 12 月初版四刷
定　　價 新台幣 380 元

Printed in Taiwan ISBN 978-957-801-922-5